「学力格差」の実態

志水 宏吉、伊佐 夏実、知念　渉、芝野 淳一

岩波ブックレット No. 900

I　学力格差の時代

本書の目的は、私たち研究チームが二〇一三年一一月に大阪府内の公立小・中学校で実施した、小学校五年生および中学校二年生を対象とした学力調査のデータにもとづいて、現代日本の子どもたちの学力格差の実態を明らかにすることにある。

文部科学省が「ゆとり教育路線」から「確かな学力向上路線」にかじを切ったのは、二〇〇三年のことであった。それから早くも一〇年ほどの歳月が経過した。二〇〇七年から全国学力・学習状況調査（「全国学力テスト」）が実施されるようになり、子どもたちの学力についての社会的関心は高まっているが、その深刻化が懸念される格差の実態については、必ずしも十分に明らかにされているわけではない。本書では、現代日本の「学力格差」の問題にメスを入れたいと思う。まず本章では、私たちが行った調査の経緯・背景・概要について述べておきたい。

1　調査の経緯

私（志水）が、既刊のブックレット（苅谷剛彦・志水宏吉・清水睦美・諸田裕子『調査報告「学力低下」の実態』岩波ブックレットNo.五七八、二〇〇二年）において、小・中学生の学力の「ふたコブらくだ化」を指摘したのは、今から一二年前のことであった。当時は、いわゆる「学力低下論争」のまった中であった。本当に子どもたちの学力は低下しているのか。それを確かめるために、二〇〇一年に学力調査を行った。その際に先行調査として採用したのが、一九八九年に大阪府下で実施された、同和地区の子どもたちの学力実態調査(学力テストと生活・学習状況アンケート)である。一九八九年の調査と同じ対象校・学年で、同じ設問・項目の調査を実施すれば、比較が可能になるだろうと考えた。そして、その結果をまとめたものが、前掲のブックレットである。

一九八九年と二〇〇一年を比較すると、子どもたちの学力低下の傾向は顕著であった。各科目とも平均点は軒並みダウンしていた(特に、小学校算数の落ち込みがひどかった)。しかしながら、よくデータを見てみると、決してあらゆる層の子どもたちの学力が低下しているというわけではなく、かつてと比べて下位層の占める割合が増大していること、すなわち、学力の「ふたコブらくだ」化傾向が進行していることが判明したのであった。以前なら一団となって走っていたマラソン集団が、第一集団と第二集団に分かれて走るような状況になってきていることが示されたのである。端的に言うなら、「学力低下」の実態は、「学力格差の拡大」であった。

それから一二年間が経過した二〇一三年の時点で、私たちは第三弾の調査を企画・実施した。「ふたコブらくだ」化のきざしが見えた子どもたちの学力は、二一世紀に入ってどのような変貌を遂げたと言えるのか。顕在化しはじめた学力格差の実態は、今日どのような様相を呈しているのだろうか。また、子どもたちの間の学力格差には、いかなる要因が関与しているのか。それらの問いに答えるべく企画・実施されたのが、今回の調査である。

三回の調査のプロフィールを整理すると、次頁の**表Ⅰ-1**のようになる。要するに、一二年を

表 I-1　3 回の調査のプロフィール

	実施年	目的	実施責任者	対象と方法
第 1 回	1989 年	大阪の同和地区の児童生徒の低学力の実態を把握する.	中野陸夫(大阪教育大) 池田　寛(大阪大)	府内の小学校 25 校，中学校 14 校. 小 5 と中 2 対象の学テ(国，算・数，英)と生活アンケート.
第 2 回	2001 年	児童生徒の学力低下の実態を把握する.	苅谷剛彦(東京大) 志水宏吉(東京大，当時)	上記のうち小 16 校，中 11 校. 小 5 と中 2 対象の学テ(国，算・数)と生活アンケート.
第 3 回	2013 年	児童生徒の学力の動向を時系列的に捉えると同時に，学力格差の実態を把握する.	志水宏吉(大阪大) 高田一宏(大阪大)	第 1 回調査にエントリーの全校(小 25 校，中 14 校). 小 5 と中 2 対象の学テ(国，算・数)と生活アンケート，および保護者アンケート.

隔てて三回の調査が実施された(一九八九年→二〇〇一年→二〇一三年)ということである(いずれも干支で言うなら「へび年」にあたる)。それぞれのメインテーマは、「同和地区の低学力」→「学力低下」→「学力格差」と移り変わりがあるものの、同じ対象校での経年比較ができるという点で、本調査は他にあまり類例のない、貴重なデータを提供してくれるものである。

2　調査の社会的背景

第一回調査が行われた一九八九年は、バブル経済がはじける前のことであり、教育界ではいわゆる「ゆとり教育路線」が強化される直前の段階にあった。当時大阪を中心とする関西では、同和地区の子どもたちの低学力問題が学校現場の課題のひとつとなっており、その解明・克服のために、学力テストと生活アンケートを組み合わせた「学力実態調査」がさかんに行われていた。大阪大学での私の前任者にあたる池田らを中心に、アメリカのマイノリティ研究の成果が取り入れられ、学力テストと生活アンケートを組み合わせた教育社会学的実態調査が開発・実施されていたのである。学力テストのみを実施し、領域別分析や誤答分析にほぼ終始していた日本の状況の中では、これら同和地区の低学力実態調査は異色であり、今日では貴重な史料的価値を有するものであると言える。

いわゆる「学力低下論争」が勃発したのは一九九九年から二〇〇〇年にかけての時期であった。第二回調査が実施されたのは、その議論が沸騰しているさなかのことである。一九九〇年代に続いた「ゆとり教育路線」のもとで、子どもたちの学力が低下してきたのではないかという危機感が社会をおおっていた。私たちはその論争に一石を投じるべく、二〇〇一年に第二回調査を実施した。その主要な結果(=「学力低下」は「学力格差の拡大」である)は、先にみた通りである。二〇〇〇年に実施された第一回のＰＩＳＡ調査(国際学力比較テスト)の結果の公表などを受けて、文部科学省は二〇〇三年より「確かな学力向上路線」に転じた。私たちの第二回調査は、その路線転換に一定の影響を与えたと言うことができるかもしれない。

そして、今回の調査である。二〇〇一年から二〇一三年へといたるこの一二年間は、間違いなく「確かな学力向上路線」の期間であった。二〇〇〇年から三年おきに行われているＰＩＳＡ調査に加え、二〇〇七年からは国内でも学力・学習状況調査が毎年実施されることになった(二〇一一年は東日本大震災のために中止)。世は、学力テストばやりである。全国テストの都道府県順位に教育委員会や現場教師たちは一喜一憂し、「早寝、早起き、朝ごはん」などをスローガンとする、地域・家庭・学校が一丸となった学力向上運動が全国的に広がりを見せている。

一二年を隔てて三回めの調査を実施することは、私自身の念願であった。はたして、こうした社会の動きは、子どもたちの学力にどのような影響を与えているのだろうか。二〇一二年のPISA調査の結果によれば、日本の子どもたち（一五歳児）の学力はかなり回復傾向にあると言われているのだが、より年少の子どもたちにはどのような変化が生じているのだろうか。「大阪」という地域的な限定はあるものの、その問いに答えようとしたのが今回の第三回調査であり、その分析結果を速報的にまとめたものが本書である。

3　今回の調査の概要

調査の対象校とサンプル特性

表I-1にあるように、今回の調査の対象校は大阪府内の小学校二五校と中学校一四校である。これら三九校は、いずれも一九八九年の第一回調査の対象となった学校である。当時の記録をみると、中学校一四校はいずれも校区に同和地区のある「同推校」（＝同和教育推進校）であり、小学校は基本的にその校区の下にある「同推校」および「一般校」である。Aという中学校の下にBとCという小学校が存在する形を思い浮かべていただくとよいだろう。今回の調査対象校の大部分は、そのような「トリオ」として選択された小・中学校である。

二〇〇一年の第二回調査では、調査へのエントリーを辞退する学校がいくつか出た（小学校で二五校中九校、中学校で一四校中三校）。したがって、第二回調査の対象校は、小学校が一六校（全体の

表Ⅰ-2　保護者の世帯収入と母親の学歴

(%)

	世帯収入				母学歴		
	300万円未満	300〜600万円	600〜900万円	900万円以上	高卒まで	専門学校・短大	大学以上
私たちの調査	23.5	46.1	22.9	7.5	49.5	40.2	10.3
全国調査	15.0	41.5	28.5	15.1	44.1	42.0	14.0

六四・〇%)、中学校が一一校(同七八・六%)となっている。要するに、全体の二〜三割の学校が諸々の理由から調査辞退となっていたのだが、今回は幸いにもすべての学校の協力を得ることができた。ことによると、「テストの時代」に入り、すべての学校がテストを受けることを当然とするような雰囲気が醸成されているのかもしれない。いずれにしても、本調査を実施した私たちの立場からすると、全校の協力を得ることができたのはありがたいことであった。

Ⅱ章以降の分析結果を理解するうえで留意していただきたいのは、本調査の調査対象の「サンプル特性」である。このような経緯・背景をもつものとして収集された今回のデータが、日本全体を代表するものと言えるかというと、答えは「否」である。今回の保護者調査で得られた保護者の世帯収入と母親の学歴の分布(小学五年生の保護者のもの)を、昨年度(二〇一三年度)の全国テストで得られたものと比較してみたのが**表Ⅰ-2**である。

世帯収入と母学歴の両方で、私たちの調査対象は全国平均を一定程度下回る水準となっている。とりわけ世帯収入が三〇〇万円未満の世帯が二三・五%存在しているという数値は、留意しておくべきだろう。概括的に言うなら、私たちのサンプルは全国平均と比べると、社会経済的にややきびしい層に偏っていると見ることができるのである。

調査の中身と特色

さて、第三回調査の中身は、①国語および算数・数学の学力テスト、②子どもたち対象のアンケート調査、③学校対象のアンケート調査、④保護者対象のアンケート調査の四点からなる。そのうち、本書のデータとして使用するのは、①・②・④の三つである。

①の学力テストのオリジナルは八九年調査のものである。この調査は前述のように、同和地区の子どもたちの低学力の実態を探ることを目的としていたため、教科の基礎学力を測定する問題が設定された。今日的に言うなら、全国テストの「A問題」におよそ相当するものだと考えてよい。しかしながら、二〇〇〇年代に入ってからは、子どもたちの思考力・判断力・表現力を伸ばすことが指導の重点目標とされ、全国テストにもこれらの力を測る「B問題」が設定されている。そこで、今回の各教科のテストにおいては、全体の四分の一程度にB問題を設定することとした。

そして今回の調査の特色の一つが、④の保護者調査を実施したことである。二〇一三年度の全国テストでは、家庭環境と学力との関係をみるために、初めて「保護者調査」が実施された。画期的なことだと言わねばならない。私たちの調査でもそれにならい、公開されている文科省調査の調査票を利用して保護者調査を試みた。実施・回収率はそれほど高くはならなかったが、収集されたデータにもとづいての分析を本書Ⅳ章で行っている。

次の**表Ⅰ-3**に示したのが、三回の調査の対象校・対象者数である。第一回と第三回を比べると、小・中の両方において、児童生徒の数が六割程度に減少していることが知れよう。一世代（ほぼ二五年）の間にいちじるしく少子化が進行したことを物語る数字である。

以下の分析に際しては、三時点(一九八九年・二〇〇一年・二〇一三年)あるいは二時点(二〇〇一年と二〇一三年)を比較する場合には、基本的に第二回の対象校(小一六校、中一一校)に合わせたデータセットを作成し、分析・考察を行った。他方、今回(二〇一三年)にしぼった分析を行う際には全校(小二五校、中一四校)のデータを用いたことをあらかじめお断りしておく。

表I-3　各回調査の対象校・対象者数

	小		中	
第1回(1989年)	25校	2101名	14校	2738名
第2回(2001年)	16校	921名	11校	1281名
第3回(2013年)	25校	1367名	14校	1461名

本書の構成

最後に、本書の構成を示しておく。

Ⅱ章は、総論的な部分である。三回の調査データをもとに、子どもたちの学力のトレンドについて分析を行う。扱われるのは、子どもたちの学力水準および学力格差はどのように変化しているのか、そこにはどのような要因がかかわっているのかという問題である。

それに続くⅢ章・Ⅳ章では、「ジェンダー」「階層」という二つの要因をピックアップし、それらにもとづく学力格差の実態に切り込む分析を試みる。具体的には、Ⅲ章ではこれまで日本ではほとんど顧みられることのなかった、学力の男女格差についての考察を行う。そしてⅣ章では、主として保護者調査のデータをもとに、家庭環境と学力との関係について、三つの「資本」概念を用いて仮説的な検討を行う。

Ⅴ章では、格差を克服する学校の力を検証するために、欧米の「効果のある学校」論の枠組みを参考にした分析を実施する。具体的には、「塾に行っていない子どもたち」の学力を下支えしている学校の存在を指摘し、その特徴にせまる。

「おわりに」では、本書で見出された知見を改めて整理し、そこから引き出される理論的・実践的な示唆について総括的な検討を行う。

Ⅱ　学力のトレンド

1　三回の調査の経年比較

本調査の最も大きな特徴は、三時点での比較ができるという点である。例えば、小学校の算数では、各種の計算問題や面積・図形に関する問題、国語では、漢字の読み書きや言葉の意味・文法的知識に関する問題などの基本的な設問（現代的に言うなら「A問題」）に対して、一九八九年・二〇〇一年・二〇一三年と、同じ対象校の子どもたちに回答してもらっている。その結果をまとめてみたのが、次頁の**表Ⅱ-1**である。

表の中の「アップ」とは正答率が「三％以上、上がった設問」を、「ダウン」とは逆に「三％以上、下がった設問」を、「横ばい」とは「増減がその範囲内に収まっている設問」をそれぞれ表している。例えば、上段（二〇〇一年から二〇一三年の変化を示す）の小学校国語（「小・国」）では、全体で二六問あるうち、一六問がアップ、五問がダウンし、そして同じく五問が横ばいだったということである。

まず、上段の数値について見てみよう。「小・国」「小・算」「中・国」という三つの科目において、「アップ」の数が過半数に達している。すなわち、それらの科目では、二〇一三年の子どもたちの成績は、二〇〇一年の子どもたちよりもよくなっていることがわかるのである。それに

表 II-1　設問ごとの正答率の変化

2001→13 年

	アップ	%	ダウン	%	横ばい	%	全体
小・国	16	61.5	5	19.2	5	19.2	26
小・算	28	66.7	5	11.9	9	21.4	42
中・国	16	55.1	3	10.3	10	34.5	29
中・数	5	18.5	7	25.9	15	55.6	27

1989→2013 年

	アップ	%	ダウン	%	横ばい	%	全体
小・国	7	26.9	11	42.3	8	30.8	26
小・算	3	7.1	23	54.8	16	38.1	42
中・国	5	17.2	17	58.6	7	24.1	29
中・数	0	0	19	70.4	8	29.6	27

注：「アップ」は正答率が 3% 以上上昇，「ダウン」は 3% 以上低下，「横ばい」は変化が ±3% 未満にとどまっている項目．

対して、「中・数」については、「ダウン」の数が「アップ」より若干多くなっており、成績が向上したとは言えない結果となっている。しかしながらトータルすると、二〇一三年の結果は二〇〇一年に比べると、向上傾向にあると言うことができるだろう。

次に、下段の数字に目を移そう。これは、今回(二〇一三年)の子どもたちの結果を一九八九年の子どもたちのそれと比べてみたものである。四つの科目のすべてにおいて、「アップ」よりも「ダウン」の数が多いことがわかる(「中・数」にいたっては、「〇」対「一九」というきわめてきびしい結果となっている)。要するに、一九八九年の子どもたちは、現代の子どもたちに比べると、かなり高い基礎学力の水準を誇っていたということである。

二つの結果を重ね合わせると、次のように言うことができる。すなわち、一九八九年から二

表 Ⅱ-2　得点の変化

（単位：点）

	小		中	
	国語	算数	国語	数学
	平均（標準偏差）	平均（標準偏差）	平均（標準偏差）	平均（標準偏差）
1989 年	75.6（16.4）	79.0（18.5）	69.4（20.3）	68.8（21.5）
2001 年	70.3（18.7）	66.6（21.3）	63.8（21.3）	62.6（25.3）
2013 年	73.9（15.5）	73.6（19.0）	67.1（19.0）	61.8（22.9）

〇〇一年にかけて、子どもたちの基礎学力の水準は大きく低下した（前掲のブックレットで分析済み）が、そこから二〇一三年にかけては、ある程度の回復傾向が見られるのである。「V字回復」とまではいかないが、「弱いV字回復」とでも呼べるぐらいの回復と指摘することができる。

前述の各科目の結果を、一〇〇点換算にしてみたものが上の**表Ⅱ-2**である。

小学校の二つの科目は、いずれも二〇〇一年の結果が最も悪くなっていることがわかる。算数にいたっては、七九・〇点（一九八九）→六六・六点（二〇〇一）→七三・六点（二〇一三）と、二〇〇一年には一二・四点も落ち込んでいる（そして今回は、七点回復した）。中学校国語についても同様の結果となっている。唯一気がかりなのが、中学校数学の結果であり、二〇〇一年の六二・六点から二〇一三年の六一・八点と、ごくわずかながら平均点が低下しているという結果が出ている。この点については、次章の男女格差のところで若干の考察を行うことにしたい。

本節の結果をまとめるなら、「二〇〇一年から二〇一三年にかけて、子どもたちの基礎学力は弱いV字回復傾向にある」ということになるだろう。これは、一五歳児に関するPISA調査の結果とも符合するものである。

表Ⅱ-3　生活時間の変化

（単位：分）

	小			中		
	家で勉強	テレビ	ゲーム	家で勉強	テレビ	ゲーム
1989年	51.1	140.2	33.6	42.2	137.7	23.3
2001年	36.1	139.5	57.3	27.6	160.1	52.6
2013年	46.5	132.9	61.9	31.9	125.7	36.5

2　何が変化をもたらしたのか

子どもたちの基礎学力は、この一二年間で回復基調にあることがわかった。このこと自体はのぞましい結果であるが、いったいどのような要因がそこにかかわっていると見ることができるだろうか。関連するデータをいくつか挙げておくことにしたい。

まず見ておきたいのは、生活時間の変化である。三時点において、子どもたちの「家で勉強する時間」「テレビをみる時間」「ゲームをする時間」の三つを比較することができる。そこで、分単位でそれらの平均時間を算出してみたものが**表Ⅱ-3**である。

小学生については、家で勉強する時間が二〇〇一年に大きく落ち込んだものの、二〇一三年には平均で一〇分程度回復していることがわかる（五一・一分→三六・一分→四六・五分）。同様に中学生においても、家で勉強する時間は二〇〇一年に落ち込んだが、二〇一三年では小学生ほど多くはないものの、四分強回復している（四二・二分→二七・六分→三一・九分）。学力への社会的な関心が増す中で、「ゆとり教育」時代に大幅に後退した家庭学習の時間が、今日では若干とはいえ復調傾向にあることは注目すべき結果であろう。

逆に、「テレビ」と「ゲーム」の時間については、二〇〇一年には増加傾向

表Ⅱ-4　通塾と得点の関係

(単位：点)

小学校	国語			算数			通塾率
	非通塾	通塾	差	非通塾	通塾	差	
1989年	74.3	78.7	4.4	77.3	83.2	5.9	28.7%
2001年	69.0	75.2	6.2	65.6	71.3	5.7	29.4%
2013年	71.9	79.0	7.1	71.7	80.5	8.8	29.4%

中学校	国語			数学			通塾率
	非通塾	通塾	差	非通塾	通塾	差	
1989年	65.9	72.8	6.9	61.9	74.8	12.9	54.4%
2001年	59.6	68.9	9.3	53.3	72.9	19.6	50.7%
2013年	65.7	69.2	3.5	55.2	69.1	13.9	49.7%

にあったが、二〇一三年では特に中学生で減少傾向にあるようだ。ただし、この点については、近年の「携帯・スマホ」の普及という要因を見落としてはいけないだろう。残念ながら、本調査では「携帯・スマホ」に費やす時間を子どもたちに尋ねてはいないが、その所有率は小学生(五年)で四六％、中学生(二年)で七三％に達している(本調査アンケートより)。それらに費やすであろう時間を加えると、子どもたちがメディア(テレビ＋ゲーム＋携帯・スマホ)に費やす時間は、確実に増加していると推測できる。にもかかわらず、ここでみたように子どもたちの家庭学習時間もまた増加している。これは、メディア環境が進化し続けている一方で、家庭学習に力を入れようという学校からの働きかけの強まりを示唆する結果ではないかと思われる。

今一つ見ておきたいのは通塾の影響である。学力テストの点数の変化には、通塾の動向がかかわっているのではないか、と一般には考えられる。**表Ⅱ-4**を見ていただきたい。

まず注目されるのは、右端に示した通塾率の変化である。

小学校で約三割、中学校で約五割と、本調査の対象校における全体の通塾率にはこの二十数年の間にほぼ変化がないことがわかる。つまり、前節でみた正答率の変化には、通塾状況の変化はほぼ関連していないと見ることができるのである。

次に、各科目における「通塾」と「非通塾」の「差」を見てもらえればわかるように、このサンプルにおいても「通塾」グループの平均点は「非通塾」グループのそれをいつも上回っている。しかし、この表において注目されるのは、中学校におけるその格差が、二〇〇一年から二〇一三年にかけて縮小する傾向にあることである(特に、二〇〇一年には一九・六点もあった数学の平均点の差が、二〇一三年では一三・九点にまで下がっている)。これが何に由来するものなのか、残念ながら本調査データからだけではわからないが、ただ、一つ考えられるのは、先に述べたような学校からの働きかけの強化が、「非通塾」層の学力の下支えに寄与しているという可能性である。

本節で見出された事実は、第一に「小・中学生ともに、家で勉強する時間が増加している」ということ、第二に「中学生で、非通塾グループの点数が通塾グループのそれに近づきつつある」ということである。「確かな学力向上路線」のもとでの学校の基礎学力習得に向けての取り組みの強化が、こうした結果に関連しているのではないかと考えても的外れではないだろう。

3　A問題とB問題の関連性

I章でも述べたように、今回の調査の特徴の一つは、思考力・判断力・表現力を問う「B問題」を設定したことである。例えば、巻末の資料に付しているのは、中学校国語のB問題の例で

表Ⅱ-5　A問題とB問題の関連（相関係数）

	小学校					中学校			
	国A	国B	算A	算B		国A	国B	数A	数B
国語A		.534**	.715**	.577**	国語A		.597**	.680**	.535**
国語B			.522**	.452**	国語B			.524**	.430**
算数A				.704**	数学A				.642**
算数B					数学B				

注：「＊＊」は1% 水準で有意であることを示す.

ある。このようなテスト問題は、ＰＩＳＡ型問題とも呼ばれる。ひと昔前までは存在しなかったタイプの問題だが、ＰＩＳＡ調査が実施されるようになって以降、学校現場に急速に広がりを見せている問題形式である。

これまで見てきた子どもたちの「A学力」（＝基礎基本の力）とこうした新傾向の問題で測られる「B学力」との間には、どのような関係があるだろうか。B学力の獲得に力を注ぐあまりにA学力の習得がおろそかになっているとしたら、それは問題であろう。逆に、A学力は回復傾向にあるとして、同時にB学力も順調に育っているとしたら、それはよろこぶべきことがらである。そうしたことを調べたいのだが、二〇〇一年調査にはB問題が設定されていないため、残念ながらそうした問いに直接答えることはできない。そこで、今回のデータの中から利用可能な部分をピックアップして、間接的にこの問いに迫ることにしたい。

表Ⅱ-5は、今回の二〇一三年調査での、各教科のA問題・B問題の関連の強さを見てみたものである。

小学校の表を見ていただきたい。これを見ると、「国A」「国B」「算A」「算B」の四つの要素に関して、いずれも強い相関があることが見てとれ（いずれも一％水準で有意）、特に「国A」と「算A」の間に最も強い相関があることがわかる（.715）。興味深いのは、教科内（「国A」と「国B」、および

表Ⅱ-6　授業の変化(2001→13年)

	小		中	
	2001	2013＊	2001	2013＊
〈算数・数学〉				
1) 教科書や黒板を使って先生が教えてくれる授業	87.6	91.8*	86.4	89.7
2) ドリルや小テストをする授業	29.2	31.0	17.1	13.8*
3) 宿題が出る授業	27.3	37.3**	19.9	30.7**
4) 自分で考えたり，調べたりする授業	21.1	34.7**	12.3	23.8**
5) 自分たちの考えを発表したり，意見を言い合う授業	44.7	53.1**	9.6	13.6**
〈国語〉				
1) 教科書や黒板を使って先生が教えてくれる授業	88.0	91.1	89.3	94.3**
2) ドリルや小テストをする授業	37.2	42.5**	20.4	43.7**
3) 宿題が出る授業	32.1	34.1**	12.8	26.7**
4) 自分で考えたり，調べたりする授業	34.2	40.9**	29.0	30.6*
5) 自分たちの考えを発表したり，意見を言い合う授業	50.7	59.0**	25.2	24.7**

注：数値は「よくある」と答えた者の割合．＊＊は1% 水準，＊5% 水準で有意．

「算A」と「算B」)の相関よりも、教科をまたぐ「A」同士の相関が高いという事実である。それとは対照的に、「国B」と「算B」の相関は六つの数値の中で最も低いものとなっている(.452)。そして、きわめて興味深いのは、まったく同様の傾向が、右側の中学校の表についても観察できることである。

国語と算数・数学のA学力にはきわめて強い関連性があるのに対して、両者のB学力は相対的に独立している。すなわち、二つの教科のA学力には共通性が高く、B学力には異質性が高いということである。後者(国語の応用力と算数・数学の応用力が別のものであること)は半ば当たり前である。ここでは、前者(国語と算数・数学の基礎学力には共通性がきわめて高いこと)を、本調査の知見の一つとして強調しておきたい。

次に見てみたいのは、授業スタイルの変化である。二〇〇一年調査と二〇一三年調査では、子どもたちに、「つぎのような授業がどのくらいありますか」という聞き方で、上の**表Ⅱ-6**にあげた各五つのタイプの授業について「よくある」「ときどきある」「あまりない」「ほとんどない」の四つの選択肢の中から答えてもらっている。その結果(「よくある」と答えた者の比率)を整理したものが表Ⅱ-6である。

興味深いことに、小学校でも中学校でも、各タイプの授業に対して「よくある」と答えた子どもたちの比率は全般的に増えている。特に「宿題が出る授業」「自分で考えたり、調べたりする授業」「自分たちの考えを発表したり、意見を言い合う授業」という三つの項目については、両方の教科および小中ともに、「有意に」増えているという結果となっている。もちろん、この結果は子どもたちの主観(「よくある」と思う)を経由したものであり、客観的にそれぞれのタイプの授業が増えたとは言えないかもしれないが、この結果は注目に値する。すなわち、二〇〇一年から二〇一三年にかけて、少なくとも子どもたちの視点から見て、国語や算数・数学の授業が活性化してきた(=いろいろな活動が積極的に取り組まれる)と積極的に評価することができるのである。

この結果から、次のように推測することが可能である。すなわち、1節で見たような、子どもたちの「A学力」の上昇傾向は、「B学力」の着実な獲得を伴っている可能性が高いということである。PISA調査でも、二〇〇三年・二〇〇六年に相対的に下落した子どもたちの「読解力」「数学的リテラシー」の数値は、二〇〇九年・二〇一二年には再び上昇傾向に転じていることが明らかになっている。文科省の路線転換は、結果的に、子どもたちの学力低下傾向に歯止めをかけることに成功したと判断できるのではないだろうか。

4　学力を規定する要因の変化

本書の目的は、最初に述べたように、学力格差の実態を解き明かすことにある。次章以降では、男女間での格差、家庭環境との関係、通塾との関係等について焦点があてられる。そこで、次章以降へのつなぎとして、子どもの学力形成に密接に関連していると考えられるいくつかの要因の影響力の変化について概観しておくことにしたい。その要因とは、「性別」「家庭の教育的環境」「通塾」「親の大学進学期待」「学習習慣」の五つである。

中学生について二〇〇一年と二〇一三年のデータを比べると、男子の比率は四九・〇%→四九・八%、通塾率は先にも見たように五〇・七%→四九・七%とほとんど変化はない。また保護者が子どもに大学進学を期待する割合（中学生自身の回答によるもの）は、四〇・七%→三七・七%と若干は低下しているが、それほどの変化ではない。

「家庭の教育的環境」と「学習習慣」については、以下のようにいくつかの項目を組み合わせて指標を作成した。

「家庭の教育的環境」：「家の人はテレビでニュース番組をみる」
「家の人が手づくりのおかしをつくってくれる」
「小さいとき、家の人に絵本を読んでもらった」
「家の人に博物館や美術館に連れていってもらったことがある」の四項目の回答を得点化（四点が最低、一六点が最高）

「学習習慣」：「出された宿題はきちんとやる」
「授業で習ったことについて、自分でくわしく調べる」
「きらいな科目の勉強でも、がんばってやる」
「家の人から言われなくても、自分から進んで勉強する」
「テストの前になっても、ほとんど勉強しない」（反転項目＝「はい」と答えた者の点数が低くなる）の五項目を得点化（五点が最低、二〇点が最高）

それぞれの平均点を算出してみると、家庭の教育的環境については、一〇・四点→一〇・七点と、二〇〇一年から二〇一三年にかけて若干の数値の上昇が見られる。一方の学習習慣については、一二・〇点→一三・一点と、かなりの数値の向上が観測される。これは、先にみた「授業の活性化」という趨勢《すうせい》と一定の関連を有していると見てよいだろう。この十数年の間の学力重視の傾向のもとで、中学生たちの学習習慣にも改善の兆しが見られるということである。

次頁の**表Ⅱ-7**をごらんいただきたい。これは、この五つの要因に関して重回帰分析を行った結果である。重回帰分析とは、いくつもの要因のなかでどの要因の影響力が相対的に強いかを見極めるために行うものである。表の中の「β」の値が、その要因の規定力の相対的な強さを表すもので、絶対値が大きいほど規定力が強いと見なすことができる。

二〇〇一年の時点では、この五つの要因はすべて統計的に有意な水準で、子どもたちの学力に格差を生じさせていた。つまり、女子・通塾者・親が大学進学を希望している者、さらに家庭の

表Ⅱ-7　学力の規定要因(中学生)

	2001年　R_2=.279			2013年　R_2=.227		
	B	β	有意差	B	β	有意差
男子ダミー	−11.387	−.133	＊＊	−.5500	−.073	＊
家庭の教育的環境	1.268	.073	＊＊	.017	.001	
通塾ダミー	22.486	.263	＊＊	10.821	.144	＊＊
親大学進学期待ダミー	13.386	.151	＊＊	12.980	.165	＊＊
学習習慣	4.062	.313	＊＊	3.924	.350	＊＊

注：Bは「非標準化回帰係数」，βは「標準化回帰係数」を表す．「＊＊」は1%水準で有意，「＊」は5%水準で有意．

教育的環境が整っている者、のぞましい学習習慣をもつ者とそうでない者との間に、顕著な学力格差が生じていたということである。五つの要因を比べるなら、その影響力の強さは、「学習習慣」→「通塾」→「親の大学進学期待」→「性別」→「家庭の教育的環境」の順になっていた。

それが二〇一三年になると、まず、「家庭の教育的環境」の影響が大きく弱まり、統計的な関連が見られなくなった。次に、「男子であること」の「不利」も減少傾向にある(詳しくは次章)。残りの三つの要因のうち、「通塾」の影響力も減少しており、学力への影響力が唯一着実に増しているのが、「学習習慣」という要因である。

学力の「ふたコブらくだ」化を指摘した二〇〇一年調査の時点では、家庭背景の影響力はかなり強まっていたはずだが、一二年後の時点ではその影響力はかつてほどではなくなっている。それに代わって、適切な学習習慣の形成がカギを握るという事態が立ち上がってきているようである。学習習慣の形成にはもちろん「家庭の力」もかかわってくるはずだが、それと同じぐらい「学校の力」が重要になってくる。本章で見てきた二〇〇一年から二〇一三年へといたるトレンドの変化は、「学校の力」の再発見を私たちに要請しているようにも見受けられる。

Ⅲ　学力の男女格差

1　男子の学力問題？

ＰＩＳＡやＴＩＭＳＳといった国際学力調査の結果を受け、学力低下や格差への懸念が巻き起こっているのは日本だけではない。そうした国や地域のいくつかにおいて、学力問題を捉えるひとつの重要な指標が男女差である。イギリスやオーストラリアなどでは、男子の学力不振に注目が集まり、もはや学力問題は男子問題であるといった世論が形成されつつもある。また、高学力で注目されたフィンランドでも、それを牽引《けんいん》する女子の姿が伝えられると同時に、成績の上ではふるわない男子生徒の隠れた才能を過大評価するような主張がなされることもあるという（橋本、二〇〇五）。

こうした西洋諸国における男子の学力問題への注目は、それ自体が男性中心主義社会を反映した過剰反応に過ぎないという批判がなされているが、翻《ひるがえ》って日本の現状をみると、そもそも性差に着目した学力分析はほとんどなされていないし、それに関心が向けられることもほぼない。およそ四〇年ぶりに莫大な予算をかけて実施されるようになった全国学力・学習状況調査においても、文科省による結果分析の際に、男女差は考慮されていない。

ただし、全国学力調査のデータを使用し、「効果のある学校」の特徴を探るという目的のもとで行われた委託研究においては、性差についての検討がなされている。そこでは、算数・数学では男女差がみられないものの、国語ではA問題・B問題ともに女子が男子を上回っていることが示されている（大阪大学人間科学研究科、二〇一一）。また、ＰＩＳＡ調査においても、ほぼ同様の結果が提示されている。すなわち、数学的リテラシー・科学的リテラシーについては調査年によって若干の違いはあるものの、それほど明確な男女差はないとされてきた一方で、読解力については一貫して女子の方が高いのである。

前章で、二〇〇一年調査から一二年後の今回調査において、子どもたちの学力は全体的に見て回復傾向にあることが示されたが、男女別にみた場合でも同じことが言えるだろうか。国語は、やはり女子が「できる」のか。算数・数学はどうか。さらに、学力のみならず、学習への意識や態度に男女差はあるのだろうか。

2　男女の学力差はどのように変化したか

まずは、三時点における学力の男女差を、国語、算数・数学のそれぞれについて確認しておこう。**図Ⅲ-1**の小学校をみると、国語は三時点とも女子の得点の方が高く、男子に比べて比較的安定した推移を示している。それに比べて算数の結果は、男女ともにやや変化が大きく、二〇〇一年では女子の得点が男子を上回ったが、二〇一三年調査では男女差はなくなっている。総じて男女の格差は二〇〇一年調査で最も大きく、国語で九・七点、算数で三・八点女子の方が高いが、二〇一三年調査の男女差は、一九八九年調査と同程度まで縮小している。

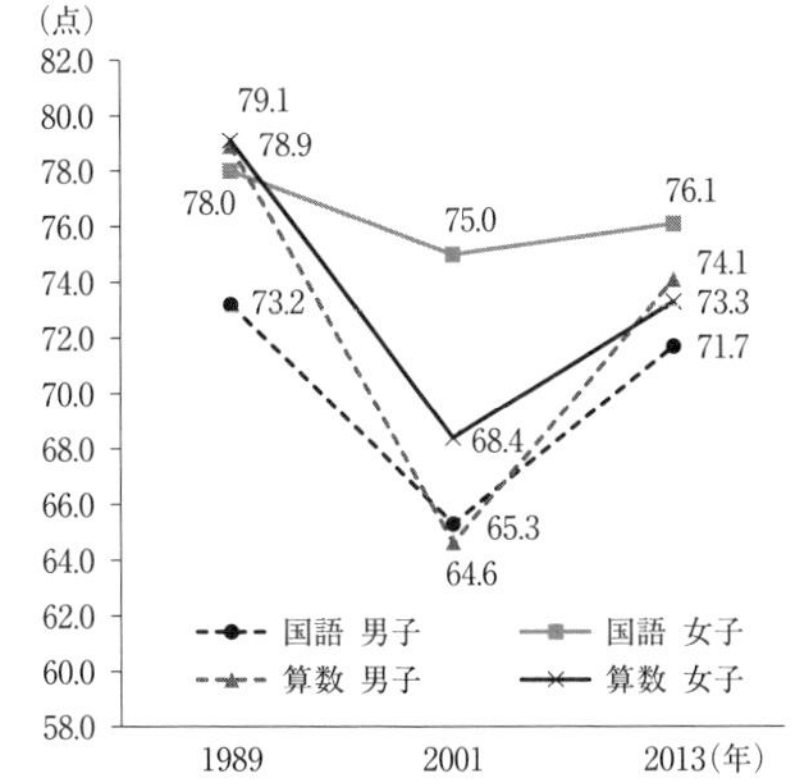

図Ⅲ-1　学力の男女差推移：小学校

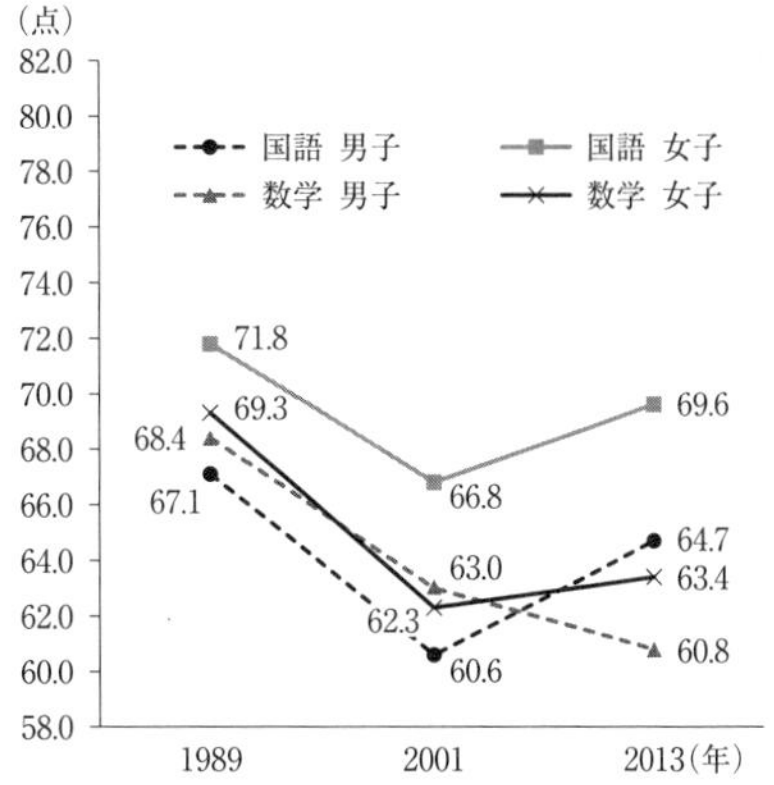

図Ⅲ-2　学力の男女差推移：中学校

図Ⅲ-2は中学校の結果である。小学校同様、国語は三時点とも女子の得点が高い。男女差は二〇〇一年で最も大きく、六・二点女子の方が高かったが、二〇一三年では四・九点と、ややその差は縮小している。特徴的なのは、数学の結果である。女子の数学は、二〇〇一年から二〇一三年にかけてほぼ点数に変動がないのに対して、男子では二〇〇一年よりも二〇一三年ではさらに低下している。そのため、二〇一三年数学ではこれまでには見られなかった男女差が顕在化し、二・六点女子が高くなっている。二〇一三年調査では、中学生において、国語のみならず数学でも女子優位の傾向が確認できるのである。

前章の学力の規定要因分析において、男子の不利が小さくなる傾向にあるという結果が示されたが、これは、国語における男女差がかなりの程度縮小していることによってもたらされたことであり、教科別にみると必ずしもそうとは言えないことがわかる。すなわち、小学校の国語・算数、中学校の国語では、男女ともに学力は回復傾向にあり、格差も縮小したと言えるが、中学校の数学においては、男子の得点が低下し、男女差が顕在化するという新たな結果が見出されたのが今回の調査の特徴である。

表Ⅲ-1　A/B 問題別回答状況（単位：%）

			正答率		誤答率		無答率	
小学校	国語 A	男子	69.9	***	25.2	***	5.0	***
		女子	74.8		22.5		2.7	
	国語 B	男子	67.0	**	28.6	+	4.4	***
		女子	72.0		26.3		1.7	
中学校	国語 A	男子	63.3	***	26.1	+	10.6	***
		女子	68.2		24.7		7.1	
	国語 B	男子	64.2	***	14.5	+	21.3	***
		女子	77.4		12.4		10.2	
小学校	算数 A	男子	72.8		22.8		4.5	
		女子	72.5		23.6		3.9	
	算数 B	男子	45.3		38.3		16.4	
		女子	44.5		39.8		15.7	
中学校	数学 A	男子	59.8	+	33.0		7.2	
		女子	62.4		31.6		6.0	
	数学 B	男子	40.4		28.9		30.7	
		女子	41.0		26.3		32.7	

t 検定　有意水準　***p＜0.1%　**p＜1%　＋＜10%

ところで、以上の結果は、A問題のみについて検討したものである。二〇一三年調査では、過去二回の調査にはなかったB問題も設定されているため、改めてB問題も含めた男女差をみておくことにしよう。**表Ⅲ-1**では、正答率のみならず誤答率、無答率も掲載している。

まずは国語である。A問題・B問題ともに、小・中学校どちらも正答率は女子が高いのだが、興味深いのは無答率の男女差である。特にB問題において男子の無答率が高く、中学校男子の無答率は女子より一〇%程度も高くなっている。国語の問題をそもそも回答しない男子が多いということ、とりわけB問題においてそうした傾向が強い。このことが、男女の得点差を導く一つの要因となっていると考えられる。

次に算数・数学である。小学校については、AもBも男女差はみられないが、中学校では、数学Aにおいて女子の正答率が高い一方で、数学Bでは男女差はない。したがって、二〇〇一年から二〇一三年にかけての男子数学の特異な傾向は、主として基礎学力面における男子の不振によ

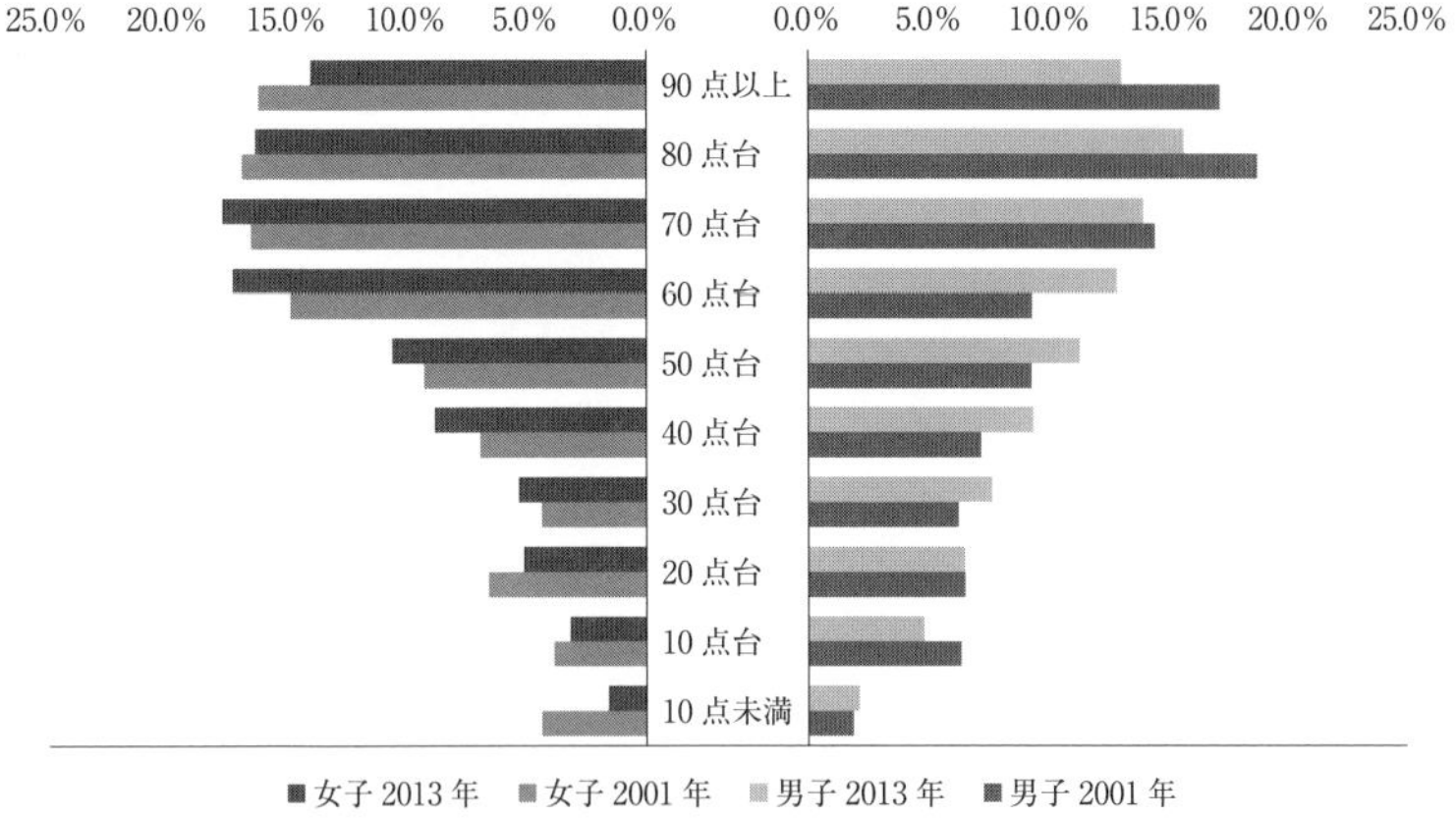

図Ⅲ-3　2001年・2013年　男女別数学の得点分布

ってもたらされたものだと言えるだろう。

こうした男子の数学低下の背景には、低学力層の増加といった状況が存在しているのだろうか。それを確かめるために、二〇〇一年と二〇一三年の数学の、男女別の得点分布を比べてみたところ、低学力層の割合は、女子でやや減少しており、男子ではほとんど変化はない（**図Ⅲ-3**）。

他方で、高学力層に着目してみると、男子では、八〇点以上の高学力層の割合が、二〇〇一年よりも二〇一三年で八％程度低下し、その分中位層が増加していることがわかる。すなわち、男子数学の低下は、この一二年間で低学力層が増加したことに起因するというよりは、数学が「よくできる」層が減少していることに関連していると言えそうだ。

このことはまた、通塾状況の変化からも見てとることができる。まず、本調査の対象校では、二〇〇一年から二〇一三年にかけての通塾率は、男子で五三・六％→五〇・三％、女子で四七・七％→五一・一％と、男子でやや減少、女子でやや増加している。また、週二回以上通塾者の割合でみると、女子では四三・三％→四四・九％とほぼ変化がないのに対して、男子では五

表Ⅲ-2　2001・2013年　通塾状況別平均得点の男女差

			国語（度数）	差	数学（度数）	差
2001年	男子	非通塾 通塾	53.2　(271) 65.3　(321)	12.1	51.1　(273) 74.7　(319)	23.6
	女子	非通塾 通塾	62.7　(307) 70.6　(283)	7.9	54.9　(314) 73.2　(287)	18.3
2013年	男子	非通塾 通塾	63.7　(219) 67.2　(222)	3.5	55.1　(218) 68.7　(221)	13.6
	女子	非通塾 通塾	67.6　(220) 70.7　(230)	3.1	56.4　(219) 71.8　(230)	15.4

○・三%→四二・○%とかなり減少している。男子通塾者の割合の低下の背景に何があるのか、ここでは踏み込んだ検討をすることはできないのだが、この変化は興味深い。

通塾状況による学力差はどのように変化したのだろうか。**表Ⅲ-2**は、中学校の国語と数学について、通塾状況別の正答率の差を男女別に見たものである。まずわかることは、通塾による得点差は国語よりも数学で大きいという点であるが、二〇〇一年から二〇一三年にかけて国語・数学ともで、その差は縮小している。そして、その傾向は男子においてより顕著であり、二〇〇一年男子数学の通塾者と非通塾者の間には二三・六点の得点差があったのに対して、二〇一三年では一三・六点にまで縮まっている。これは、非通塾者の得点が上昇していることだけでなく、通塾者の得点が低下していることにもよっていることが、表から読みとれる。

以上のことから、男子数学における高学力層の減少は、通塾者の減少および塾に通う生徒の得点が二〇〇一年ほど高くなっていないことによるものと言えるだろう。この一二年間で、学校による学力の底上げがある程度なされるようになっている一方で、特に男子において高学力層を伸ばせていない、と指摘できるかもしれない。

ただし、ここで考えなければいけないのは、本調査の対象である公立中学校を選択しない層の存在が、学力分布に与える影響についてである。というのも、小学校の結果について通塾状況別にみてみると、塾に通う男子算数の得点は、二〇〇一年では七〇・九点だったのが、二〇一三年では七八・一点まで上昇している。こうした状況を踏まえると、小学校算数高得点層の「私学抜け」が、中学校男子の高学力の減少に影響していると考えることもできるかもしれない。ただし、本調査の対象地域がいわゆる「受験熱」の高い地域ではないこと、比較対象となる児童生徒がそもそも異なっていることなどから、あくまでもこの推論は仮説にとどまるのであるが。

3　学習にかかわる意識や態度にはどのような違いがあるか

今回の調査では、特に中学校において学力の男女差が顕在化するものとなったわけだが、こうした学力差に関連すると思われる子どもたちの意識や態度には、どのような違いがあるだろうか。以下では中学校に限定したうえで、明確な男女差が見出された項目のみ取り上げて検討していく。まずは、学習習慣や学習態度、勉強に対する意識についてである（次頁の**表Ⅲ-3**）。

学習習慣については、おおむね女子の方が肯定的に回答している。「出された宿題はきちんとやる」のも、「家の人から言われなくても、自分から進んで勉強する」のも、男子よりは女子である。ただし、男子の場合、「テスト前になっても、ほとんど勉強しない」「勉強がわからなかったとき」に「ほうっておく」層が三割程度いる一方で、「授業で習ったことについて、自分でくわしく調べる」という項目については女子よりも肯定的である。つまり男子では、自律的かつ探究的に学習する層と学習から逃避傾向にある層とに分極化する度合いが、女子より顕著になると

表Ⅲ-3　学習への取り組み方の男女差：中学生

			男子	女子	有意確率
学習習慣・態度	学校の宿題	「いつもしている」	32.9%	44.9%	***
	勉強がわからなかったときどうするか	「ほうっておく」	27.8%	19.0%	**
		「自分で調べる」	55.9%	42.8%	***
		「きょうだいにきく」	12.9%	22.2%	***
		「友だちにきく」	24.4%	32.3%	**
	出された宿題はきちんとやる	「とてもあてはまる」＋「まああてはまる」の合計	69.9%	82.2%	***
	授業で習ったことについて，自分でくわしく調べる		28.5%	20.8%	*
	嫌いな科目の勉強でも，がんばってやる		52.4%	59.6%	*
	家の人から言われなくても，自分から進んで勉強する		36.9%	44.5%	*
	テスト前になっても，ほとんど勉強しない		27.6%	16.7%	***
勉強観	成績が下がっても，気にならない	「とてもあてはまる」＋「まああてはまる」の合計	30.8%	21.5%	**
	勉強は，将来，役にたつ		78.4%	70.6%	***
	勉強がなければ，毎日がもっと楽しくなる		67.1%	58.9%	**
	有名な学校や有名な会社に入りたい		52.3%	30.1%	***

***p＜0.1%　**p＜1%　*p＜5%

言えるかもしれない。

勉強観では、男女の差異が際立っている。男子は女子に比べて、「成績が下がっても、気にならない」ず、「勉強がなければ、毎日がもっと楽しくなる」と考えている一方で、「勉強は、将来、役にたつ」し、「有名な学校や有名な会社に入りたい」とも考えている。目の前のことにまじめに、一生懸命取り組む女子に対して、現在の勉強の価値には一定程度の距離をとりながらも、業績主義的競争に参加するためには勉強が必要であると考えているのが男子と言えそうだ。

また、「勉強がわからなかったときどうするか」という質問への回答結果についてみてみると、男子では、「自分で調べる」「ほうっておく」が多いのに対して、女子では、「自分で調べる」がトップだが、「友だちにきく」「きょうだいにきく」という回答も多い。こうした違いは、男女の学習への取り組み方の差異を示しており、男子にとっての勉強とは、あくまでも個人的な事柄としての側面が強いことを表しているようにも

表Ⅲ-4　社会関係の男女差：中学生

			男子	女子	有意確率
家族との会話	学校の成績や授業のこと	「よく話す」	23.2%	34.5%	***
	先生のこと		10.9%	21.2%	***
	友だちのこと		29.8%	48.0%	***
	自分の悩みごと		8.3%	14.0%	***
友人関係	友だちと勉強を教えあう	「とてもあてはまる」+「まああてはまる」の合計	58.8%	75.8%	***
	友だちとテストの点を競争する		69.7%	62.5%	+
	友だちと電話やメールのやりとりをする		64.0%	86.9%	***
	友だちと異性のことについて話す		40.1%	59.3%	***
	友だちと，夜，出歩く		28.3%	21.6%	*
	運動ができない子が，からかわれる		14.4%	8.1%	***

***p＜0.1%　**p＜1%　*p＜5%　+p＜10%

見える。そのことは例えば、**表Ⅲ-4**にあるような「友だちと勉強を教えあう」と「友だちとテストの点を競争する」という項目の男女差にも表れている。すなわち前者は女子で高く、後者は男子で高い。その他、友人関係や家族との会話に関してみても、女子がより濃密な人間関係を有しているのに対して、男子は家族や友人との会話にも乏しく、自立した個人であることが求められているといった姿もみえてくる。

こうした社会関係のあり方の男女差は、かれらの学力にも影響を及ぼしているのであろうか。特に、友だちと勉強を教えあうかどうかと、競争するかどうかの差異は、学習に関連した男女の差異を捉える上で肝要だと考えられる。

そこで、重回帰分析という手法を用いて、このことについて検討してみよう。「通塾」、「学習習慣」、「家庭の教育的環境」については、Ⅰ章で用いられているものと同じである。「大学進学希望」は、本人が将来、大学あるいは大学院まで進学したいと答えた場合を1、それ以外を0として計算した。「友だちと勉強を教えあう」「友だちとテストの点を競争する」はそれぞれ、「とてもあてはまる」を四点、「まああてはまる」を三点、「あまりあては

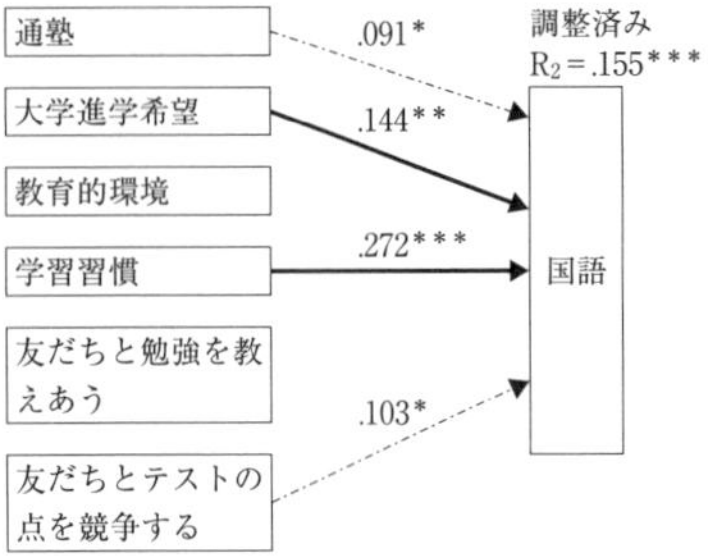

図Ⅲ-4　国語の規定要因（男子）

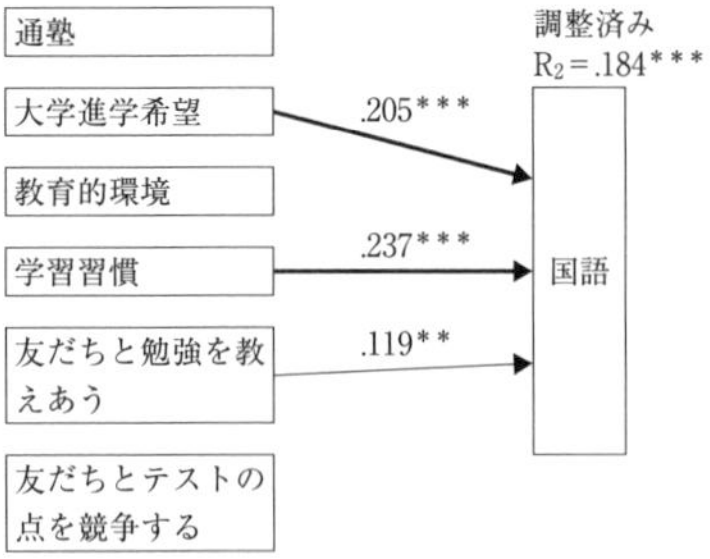

図Ⅲ-5　国語の規定要因（女子）

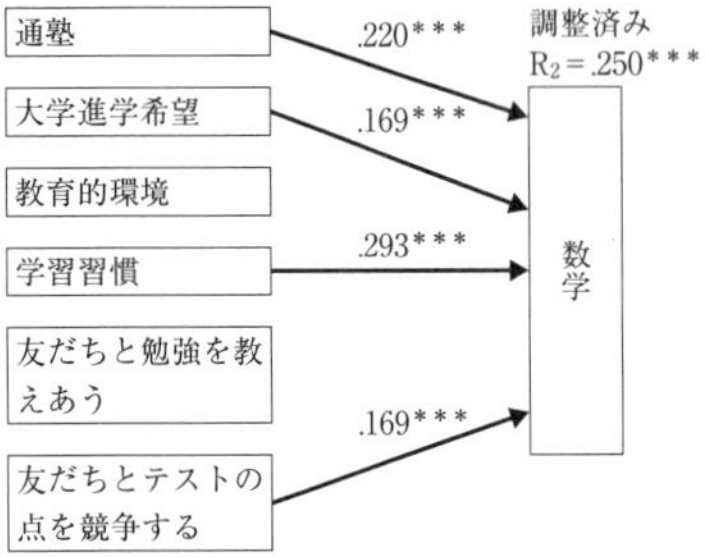

図Ⅲ-6　数学の規定要因（男子）

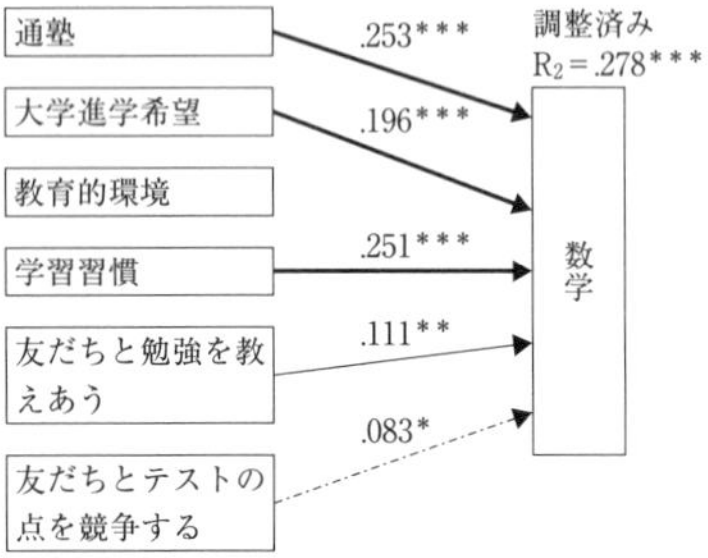

図Ⅲ-7　数学の規定要因（女子）

まらない」を二点、「あてはまらない」を一点として計算した。また、国語と数学の得点については、A問題・B問題を合わせて一〇〇点に換算した値を使用している。

まずは、国語の結果についてみてみよう。男子では、「学習習慣」の影響力がもっとも強く、その次に、本人の「大学進学希望」、「友だちとテストの点を競争する」、「通塾」の順となっている（図Ⅲ-4）。一方、女子では、「学習習慣」の影響力がもっとも強く、その次に「大学進学希望」がきているという点では男子と同じであるが、「通塾」の影響がなくなり、また、「友だちと勉強を教えあう」ことが「友だちとテストの点を競争する」ことに代わって強い影響力を持つようになっている（図Ⅲ-5）。

次に数学の男子をみると、「学習習慣」、「通塾」の順で影響力が強く、その次に「友だちとテストの点を競争する」が「大学進学希望」と同等の影響力を保持している。一方で、「友だちと勉強を教えあう」という要因の影響力は、国語の場合と同様にない（図Ⅲ-6）。他方、女子では、国語とは異なり「通塾」の影響が最も強くなり、その次に「学習習慣」、「大学進学希望」の順となっている。さらに、国語とは異なり「友だちとテストの点を競争する」も影響を及ぼしているが、やはり「友だちと勉強を教えあう」という要因の方が影響力は強い（図Ⅲ-7）。

つまり、男子と女子とでは、そして国語と数学とではそれぞれ、学力に影響を与える要因が異なっているということである。女子の国語の得点には通塾による影響が見られないことから、家族や友人とのコミュニケーションの豊富さといった、成育環境の中で培ってきたものが言語能力を育てるうえで有効に働いていると考えられるのかもしれない。そして、国語と数学のどちらにおいても、男子は友だちと競いあうことが、女子は友だちと教えあうことが、それぞれ学力とより強く結びついているということがわかる。

4　女子の不利は解消されたと言えるのか

中学二年生時点での学力は、女子が男子を上回っているということが今回の結果から明らかになった。学力は将来の進路選択を左右するひとつの重要な指標であるが、そうだとすれば、今回見出された結果は、女性の社会進出を促すような変化のひとつとして捉えることができるだろうか。

まず確認しておくべきことは、調査対象となっている学年が中学二年生であるということであ

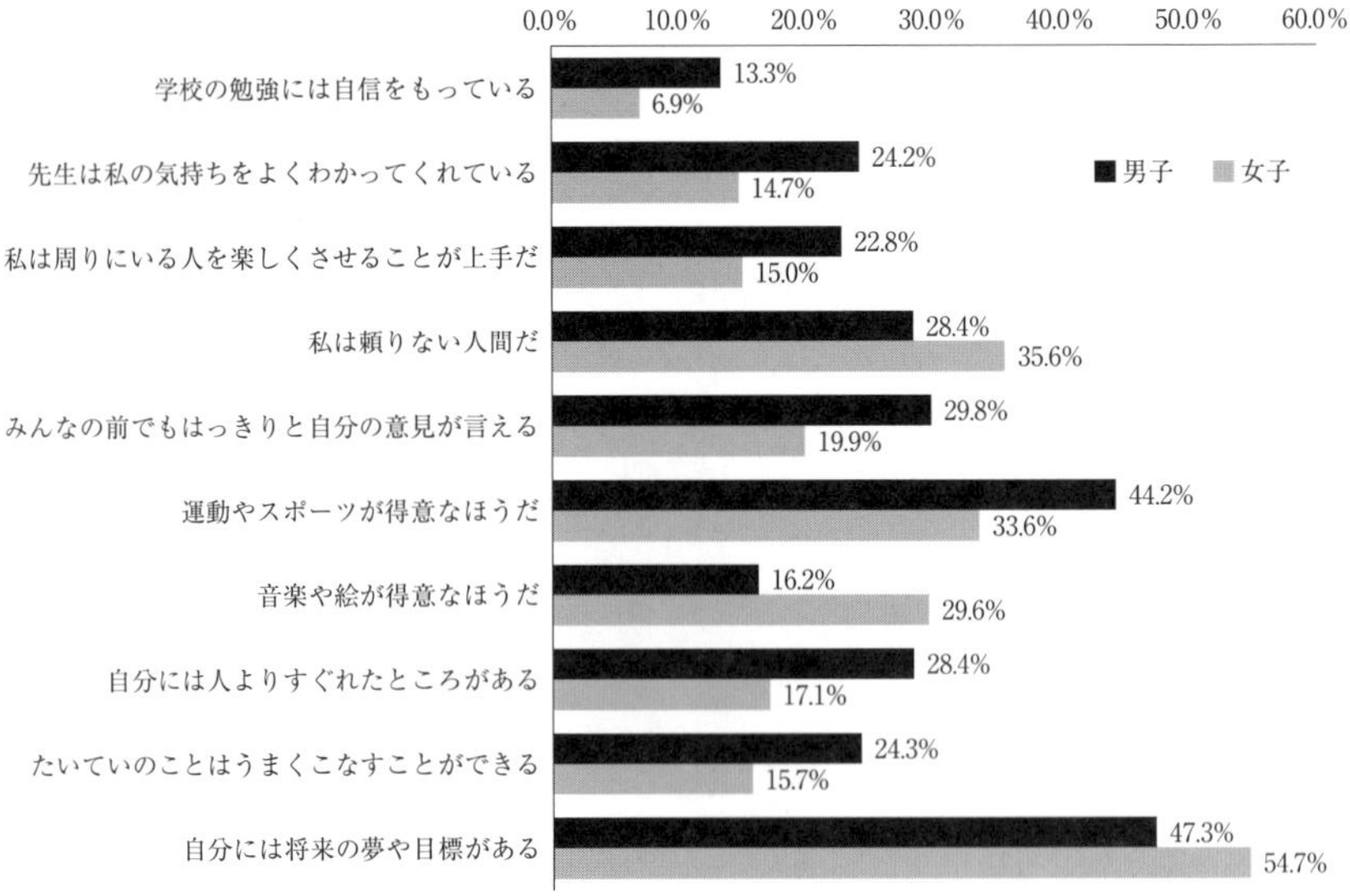

図Ⅲ-8　自尊感情の男女差

注：「はい」と回答した割合.

る。男子の場合、受験が間近に迫ってくるにつれ学習に前向きに取り組むようになり、それに伴って学力状況も変化してくる可能性が大いにある。このことは例えば、表Ⅲ-3でみたような、勉強と将来を結びつけて考える傾向や業績主義的価値観を保持する傾向は、男子の方でより強いことからも推測できるだろう。また、数学男子の得点がやや低下していることについても、学力上位層の減少とその背景にある「私学抜け」の可能性を考慮すれば、必ずしも男子の学力不振という語り方が適切だとは限らないと見ることもできる。

さらに、**図Ⅲ-8**に見られるような自尊感情の男女差は、学齢期女子の学力上の優位性が、必ずしも女性の不利を解消するものではないことを示唆している。つまり女子は、自分を頼りない人間だと思い、人よりすぐれたところはないと考え、たいていのことはうまくこなせないという自己認識を、男子以上に有している。それに加えて、学校の勉強に自信をもっているのも、女子よりは男子なのである。客観的な学力実態と釣り合わない、こうした女子の「自信のなさ」を「謙遜《けんそん》」と捉える向きもあるかもしれないが、将来の女性の達成意欲を確実に削《そ》いでいくものと考えることも可能である。

ただし、自尊感情は押しなべて男子が高いにもかかわらず、「自分には将来の夢や目標がある」と回答する割合は女子の方で高い。このことは、業績主義的モデルに縛られ続ける男子の難しさを予感させるし、社会関係の豊富さとその中で対人関係能力を磨いている女子には、これからの社会や労働市場において、より活躍の場が与えられることになるのかもしれないという期待も抱かせる。

とは言うものの、男子は競争することが、女子は協同することが、それぞれ学力とより強く結びついているという本節の分析で見出された違いを考慮すれば、競争が成果を促すという社会的枠組みのもとでは、女性の成功が阻まれる可能性が依然として強いと言わざるを得ない。同時に、競争心をもたない男性が社会的に排除される可能性もまた、強いものになると指摘しうる。

Ⅳ　家庭環境と学力格差

本章では、子どもの家庭環境と学力格差の関連について検討する。具体的には、二つの問題を設定する。

まず、一つめの問題は、二〇〇一年と二〇一三年の子ども調査のデータを用いて、家庭の教育的環境と学力・学習意欲・学習行動の関係を探ることである。前回調査と本調査を比較しつつ、ここ一二年の間で家庭環境と学力格差の実態がどのように変化したのかを明らかにしたい。また、二つめの問題は、今回初めて実施した保護者調査のデータから、家庭環境を構成する要素について、より突っ込んだ分析を試みることである。ここでは、家庭環境を成り立たせている要因として、フランスの社会学者P・ブルデューにならい、三つの「資本」を設定する。その三つとは、「経済資本」(収入)、「文化資本」(学歴や文化的活動)、「社会関係資本」(人と人とのつながり)である。それぞれが子どもたちの学力をどの程度規定するのかについて、仮説的な検討を行いたい。

分析の前に、いくつか留意点を述べておく。まず、学力の指標について。子ども調査を使った第一の問題についての分析では、前回調査と比較するために、A問題の国語と算数・数学の平均点を用いる。他方、保護者調査を用いた第二の問題についての分析では、A問題とB問題を合わせた国語と算数の平均点を用いる。次に、この保護者調査を用いた分析であるが、中学生につい

表Ⅳ-1　家庭の教育的環境と学力の経年比較(小学校)

年	家庭の教育的環境	学力	格差(最大-最小)	変化(2013－2001)
2001	高	67.1	5.5	高：5.9 中：3.8 低：7.0
	中	69.9		
	低	64.5		
	全体	67.3		
2013	高	73.1	2.2	
	中	73.7		
	低	71.5		
	全体	72.6		

ては分析に堪《た》えうるだけの十分なサンプルを確保できなかったため、小学生の保護者を対象にしたものを扱うこととする(回答者数＝四〇七名)。なお、分析の際、ひとつでも欠損している項目があるものを省いたため、分析によってサンプル数に多少の変動が生じていることに留意していただきたい。

1　家庭の教育的環境と学力・学習意欲・学習行動

「家庭の教育的環境」という指標は、Ⅱ章(4節)で述べたものと同じである。それを、数がほぼ三分の一ずつになるように分け、「高層」「中層」「低層」という三つのグループをつくった(**表Ⅳ-1**と次頁**Ⅳ-2**)。

まず注目すべきは、小中学生ともに、家庭の教育的環境による学力格差は縮小傾向にあるということである。小学生では、二〇〇一年では最も得点の高い層(中層)と低い層(低層)の学力差が五・五点あったが、二〇一三年ではその差が二・二点にまで縮小している。中学校でも、一〇・四点あった学力差が六・三点まで小さくなっている。この結果から、ここ一二年の間で、家庭の教育的環境の違いによる学力格差は縮まっていると指摘することができる。

次に、それぞれのグループの変化について見てみよう。中学生では

表Ⅳ-2　家庭の教育的環境と学力の経年比較(中学校)

年	家庭の教育的環境	学力	格差(最大-最小)	変化(2013－2001)
2001	高	67.7	10.4	高：0.5 中：1.2 低：3.6
	中	65.8		
	低	57.3		
	全体	63.3		
2013	高	67.2	6.3	
	中	67.0		
	低	60.9		
	全体	65.2		

「高層」で二〇〇一年よりも二〇一三年の方が点数は若干低くなっているが、小中学生ともに「中層」と「低層」においてここ一二年で得点が伸びている。さらに、小中学生ともに、家庭の教育的環境が「低層」の学力が最も変化していることがわかる(小学生では七・〇点、中学生では三・六点の学力アップ)。

以上の結果をまとめると、二〇〇一年と二〇一三年を比べると、家庭の教育的環境の違いによる学力格差は縮小傾向にあり、さらに家庭環境の「低層」の子どもを中心に、学力が底上げされていると言える。Ⅱ章において、家庭の教育的環境が学力に与える影響は小さくなっていることが報告されたが、ここでの分析から、家庭の教育的環境が「ふつう」あるいは「恵まれない」層の学力がアップしたことにその原因を求めることができると指摘可能である。

子どもたちの学力は、学習意欲や学習行動と密接に関連している。そこで次に、これらと学力との関係の時代的変化を見ることによって、家庭の教育的環境の違いによる学力格差がなぜ縮減したのかという疑問に対する一定の回答を提出してみたい。

表Ⅳ-3は、小学生について、学習意欲と学習行動の変化を家庭の教育的環境グループ別に示したものである。なお、中学生でも同じよ

表Ⅳ-3　学習意欲・学習行動の変化(家庭の教育的環境階層別)

			小学校											
			2001				2013				変化(2013→2001)			
			高	中	低	全体	高	中	低	全体	高	中	低	全体
学習意欲	家庭での勉強の仕方(「とてもあてはまる」+「あてはまる」)	出された宿題はきちんとやる	92.4	91.5	83.3	89.3	94.2	94.6	93.1	93.9	1.8	3.1	9.8	4.6
		授業で習ったことについて自分で詳しく調べる	38.3	23.4	13.8	25.3	46.2	36.3	25.5	35.7	7.9	12.9	11.7	10.4
		嫌いな科目の勉強でも頑張ってやる	79.3	70.6	52.1	67.8	81.7	75.7	62.4	72.8	2.4	5.1	10.3	5.0
		家の人に言われなくても自分から進んで勉強する	63.2	55.3	37.5	52.4	64.6	53.9	46.5	54.9	1.4	−1.4	9.0	2.5
	成績観(「とてもあてはまる」+「あてはまる」)	勉強はおもしろい	57.8	44.3	32.9	45.2	56.0	50.2	38.8	48.1	−1.8	5.9	5.9	2.9
		成績が下がっても気にならない	39.6	44.0	46.8	43.4	38.1	39.7	43.2	40.4	−1.5	−4.3	−3.6	−3.0
		勉強は将来役に立つ	89.1	80.4	73.6	81.1	86.8	83.3	76.3	81.9	−2.3	2.9	2.7	0.8
		人よりいい成績をとりたいと思う	67.6	67.1	60.4	65.2	69.7	69.6	66.3	68.4	2.1	2.5	5.9	3.2
学習行動	家庭学習	「しない」	11.7	14.3	21.0	15.5	9.3	11.3	16.4	12.5	−2.4	−3.0	−4.6	−3.0
	読書(漫画・雑誌を除く)	「しない」	30.4	43.4	64.6	45.6	35.1	46.0	55.0	45.5	4.7	2.6	−9.6	−0.1
	家庭での学習時間(平均時間)	単位：分	50.9	43.1	34.2	42.9	57.5	42.9	43.0	48.1	6.6	−0.2	8.8	5.2
	読書時間(平均時間)	単位：分	38.1	27.3	17.0	27.7	36.4	25.5	21.2	27.8	−1.7	−1.8	4.2	0.1
	学校の復習(家庭での勉強内容)	「しない」	29.7	47.6	63.0	46.5	30.0	36.3	53.6	40.5	0.3	−11.3	−9.4	−6.0
	学校の予習(家庭での勉強内容)	「しない」	44.3	58.2	66.9	56.3	39.2	50.0	61.7	50.6	−5.1	−8.2	−5.2	−5.7

注：網かけ部分は，ポジティブな変化が最も大きい階層を示している．

うな結果が得られたため、ここでは、変化をより明確に捉えやすい小学生の結果を紹介しておく。

全体的な傾向を見ると、二〇〇一年と比べて二〇一三年の方が、学習意欲・学習行動ともに肯定的に回答する割合が増えていることがわかる。また、家庭での学習時間や読書時間も長くなっている。

階層別に見ると、特に「中層」と「低層」において肯定的に答える割合が増え、否定的に答える割合が少なくなる傾向が出ている。具体的には、まず「中層」では、成績観に関する「勉強はおもしろい」「成績が下がっても気にならない」「勉強は将来役に立つ」といった項目において、他の層よりも顕著な変化が見られる。加えて、学校の予習・復習を「しない」と答える割合が最も大きく減少していることがわかる。

また「低層」では、「出された宿題はきちんとやる」「嫌いな科目の勉強でも頑張ってやる」「家の人に言われなくても自分から進んで勉強する」といった家庭での勉強の仕方に関する項目において、他の層よりも顕著な変化が確認できる。さらに、学習行動においても、「家庭での学習時間」に八・八分、「読書時間」に四・二分多く費やすようになっているとともに、それらを「しない」と答える割合が大きく減っていることが目立っている。

これらの結果を踏まえると、次のように結論づけることができるだろう。すなわち、家庭の教育的環境が「ふつう」あるいは「恵まれない」子どもたちの学習意欲と学習行動が以前に比べて改善されたことが、家庭環境の違いによる学力格差が縮小したことの一つの要因であると考えられる。

2　社会関係資本への着目

次に、保護者調査の回答をもとに、親がもつ「資本」という観点から学力格差の実態を明らかにする。

これまで、子どもの家庭環境と学力の関係については、親の収入（経済資本）や、学歴および文化的活動（文化資本）が格差を生み出す主要な要因だと指摘されてきた。近年、これらに加え、学校・家庭・地域における人と人とのつながり（社会関係資本）が学力に大きな影響を与えうることが主張されている。「つながり格差」（志水・中村・知念、二〇一二）などと呼ばれるこの現象は、学力格差を論じる際の新たな視点と位置づけることができる。

人間関係が学力に影響を与えていると言ってもピンと来ない方もいると思うので、ここで簡単な例を提示しておく（**図Ⅳ-1**）。地域の行事に子どもと参加するかどうかという質問に対して、

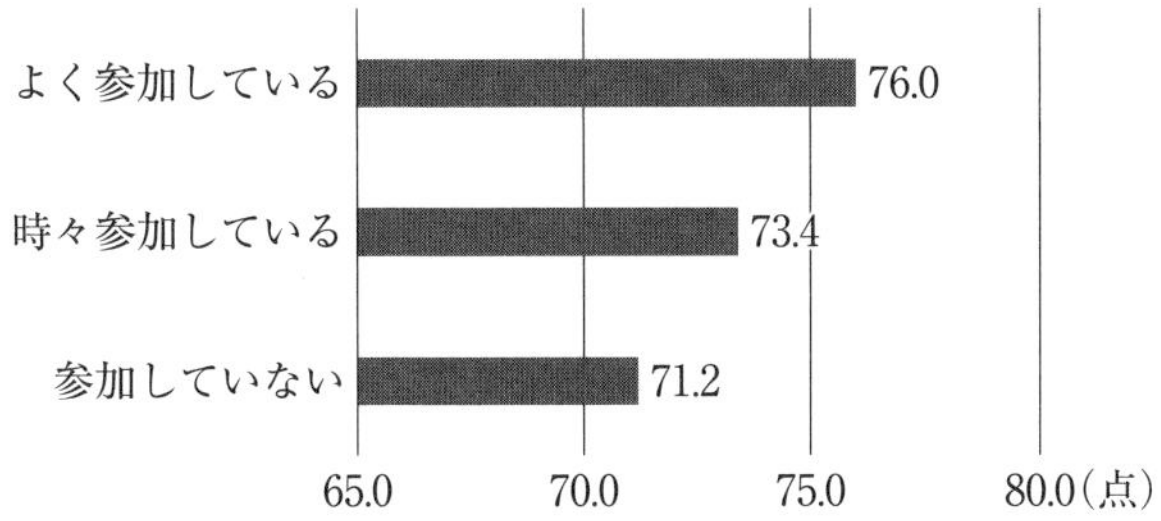

図Ⅳ-1　地域の行事に子どもと参加する×学力

「よく参加している」と答える親の子どもほど、学力が高くなっていることがわかる。通常はそれほど関係ないと思われる、「保護者の地域の行事への参加率が子どもの学力と正の相関を持っている」という結果は、地域における人と人とのつながりが学力に影響を与えているという可能性を示唆する。

この人と人とのつながり・人間関係という要因は、収入や学歴といった要因に比べるときわめて「可変的」なものであり、学力格差を生み出すだけではなく、それを縮小させる潜在性をもつものとして捉えることができる。それを踏まえ、以下の節では、経済資本と文化資本を分析の射程に入れつつ、社会関係資本が子どもの学力に与える影響とそれが学力格差の縮小に貢献する可能性に焦点を当てたい。

なお、世帯年収と学歴を回答した保護者四〇七人の回答者の内訳は、母親が九四・五%、父親が三・八%、祖父母が一・六%であり、ほとんどが母親となっている。

3　三つの資本と学力格差

親がもつ三種の資本は、どのくらいの学力格差を生み出しているのだろうか。それぞれの指標の作成方法は、次頁の**表Ⅳ-4**のとおりである。それぞれについて、調査対象者の数がほぼ三分の一ずつになるように三つのグルー

表Ⅳ-4　指標の作成方法

指標名	指標の作成方法
経済資本	世帯年収を数値化(200 万円未満＝150，200 万円以上～300 万円未満＝250，…)した変数.
文化資本	因子分析より「本や新聞を読むようにすすめている」「読んだ本の感想を話し合ったりしている」「小さいころ，絵本の読み聞かせをした」「英語や外国の文化に触れるよう意識している」を抽出し，それらを合算したものを「文化的活動」とした．その「文化的活動」と「母の教育年数」(最終学歴が中学校の場合 9 点，高校の場合 12 点，…とスコア化)を主成分分析を行った変数.
社会関係資本	「子どもと勉強や成績のことについて話をする」「子どもと社会の出来事やニュースについて話をする」(家庭) 「授業参観や運動会などの学校行事への参加」「ボランティアでの学校支援」(学校) 「地域の行事に子どもと一緒に参加する」「子育てや教育についての悩みを相談できる友人・知人がいる」(地域) これらの項目を合算した変数.

プ(「上位群」「中位群」「下位群」)をつくり、資本の多寡《たか》を捉える指標とした。

三つの資本の相関関係を見ると、社会関係資本は、文化資本と関連が相対的に強く経済資本とは関連が薄いこと、文化資本は経済資本と社会関係資本の両方ともに相対的に強い関連があることがわかる(**図Ⅳ-2**)。

親がもつ三つの資本と学力との関係を示したものが、**図Ⅳ-3**である。まず注目されるのは、どの資本においても、その多寡によって学力格差が生じていることである。特に、「上位群」と「中位群」の格差よりも、「中位群」と「下位群」のそれの方が大きくなっていることに留意されたい。「上位群」と「下位群」の得点差を見てみると、経済資本は一〇・七点、文化資本は一二・一点、社会関係資本は七・二点となっており、親の資本が多いか少ないかで子どもの学力が大きく違ってくることがわかる。

次に、どの資本が最も学力に影響を与えているのかを検討するために、重回帰分析を行った。**図Ⅳ-4**を見ると、文化資本>経済資本>社会関係資本の順に、学力に対する影響力が強くなっていることがわかる。文化資本と経済資本の影響力はほぼ同程度であり、「文化」と「お金」とが子どもの学力に強い影響力を与えていることが一目瞭然である。一方で、その影響力は相対的には小さいものの、社会関係資本も他の二つの資本とある程度独立したものとして、学力に影響を与えていることが知れよう。

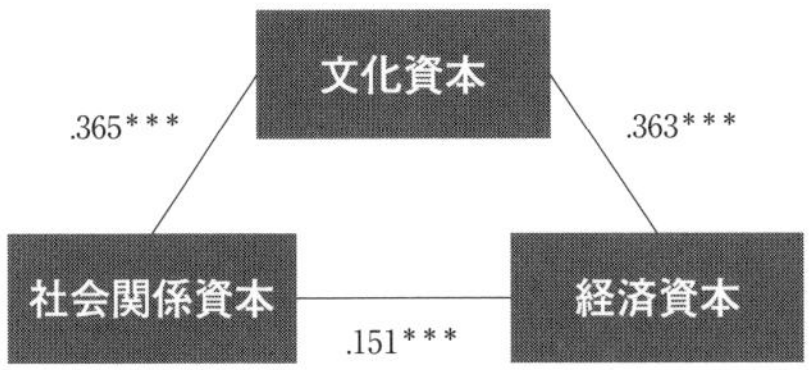

図Ⅳ-2　資本間の相関関係

注：数値は相関係数.

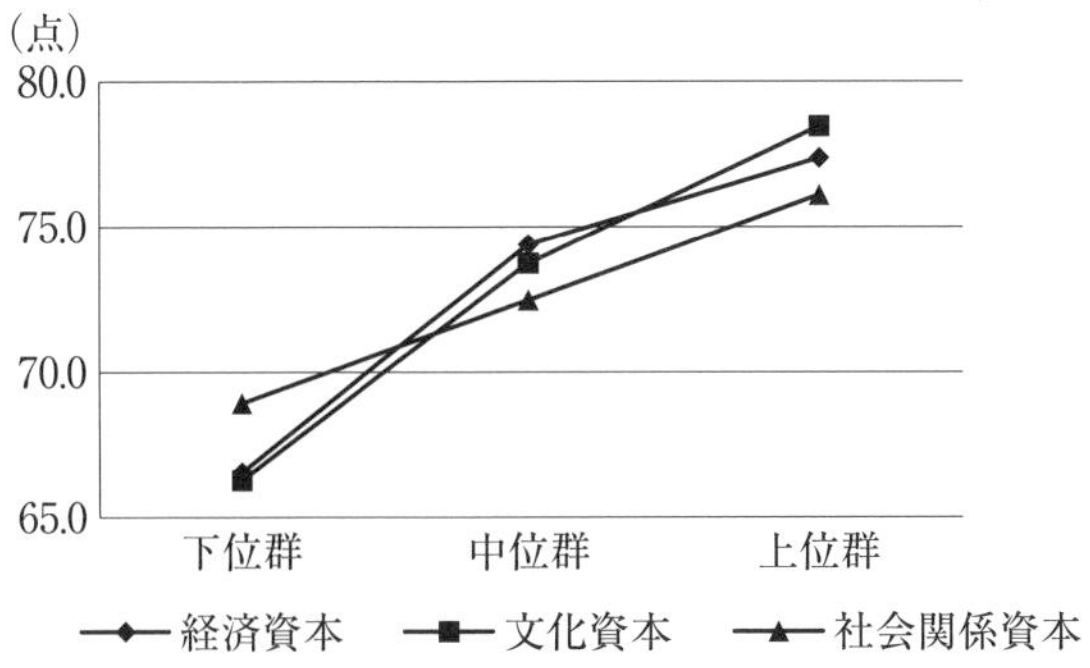

図Ⅳ-3　3つの資本と学力格差

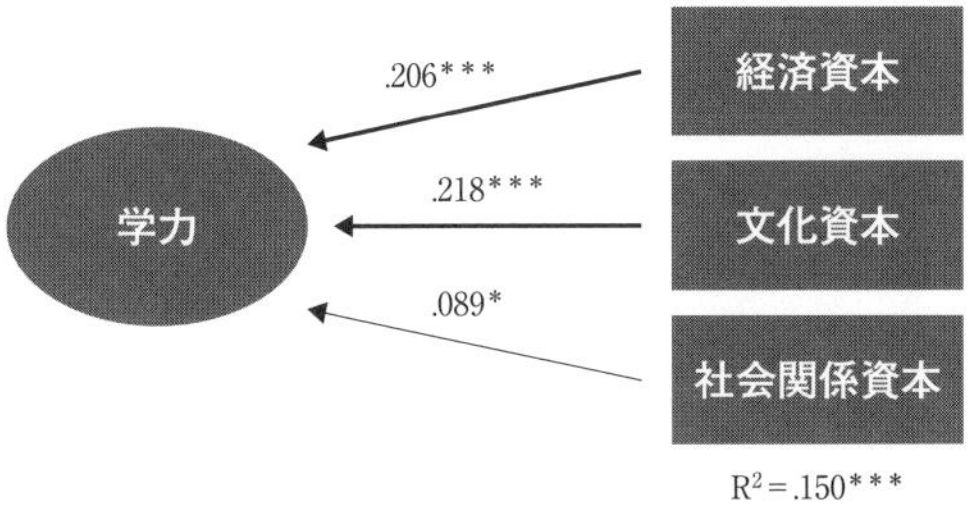

図Ⅳ-4　各資本が学力に与える影響力

表Ⅳ-5　地域背景の特徴

	地域背景 ふつう	地域背景 しんどい
学力 (平均点)	72.9 点	69.0 点
経済資本 (世帯年収平均)	542.2 万	445.5 万
文化資本 (上位層／下位層の割合)	42.7%／22.7%	39.4%／29.5%
社会関係資本 (上位層／下位層の割合)	46.1%／24.7%	35.5%／33.7%

4　地域背景別に見た資本の影響力

ここで、ひとつ新しい視点をつけ加えたい。

今回の調査の一環として、私たちは対象校すべてに対する訪問調査を実施した。そこで印象深かったのは、地域の社会経済的な背景と子どもたちの学力の状況が結びつけられて、教師たちの口から語られることが多かったことである。「この地域にはしんどい家庭が多いので、学力面での課題も大きいですね」とか、「この学校では、受験するための塾に通う子どもが少なくないので、学力的には市内でも上位に位置しますね」などと。そこで、ここでは「地域背景」という指標を作成して、そのタイプ別に家庭の諸資本が学力に与える影響力について仮説的な検討を試みたい。

地域背景を分類するにあたり、学校への訪問調査で収集された「要生活保護率」「準要生活保護率」「ひとり親家庭率」「外国人児童在籍率」を用いることにした。四つの数字を組み合わせて校区の社会経済的背景を測る尺度を作成し、保護者調査に全面協力をいただいた九つの小学校を、「地域背景・ふつう」(六校)と「地域背景・しんどい」(三校)とにタイプ分けした。**表Ⅳ-5**は、両地域の特徴を一覧にしたものである。やはり、「しんどい」地域の学校では「ふつう」の地域の学校よりも、保護者が所有する資本の量が相対的に少なく、学力も四点程度低くなっていること

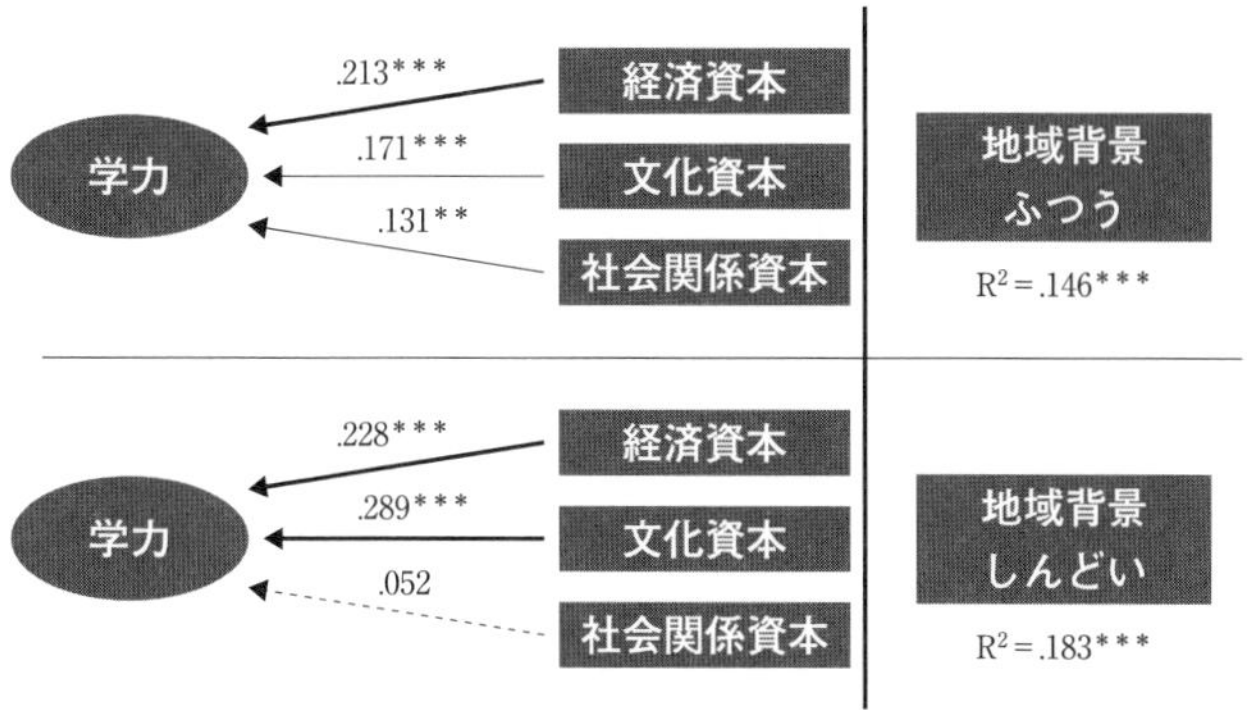

図Ⅳ-5　地域背景別に見た各資本の学力への影響力

がわかる。

設定された地域背景別に、三つの資本の学力に対する影響力を示したものが**図Ⅳ-5**である。

図から、次のようなことがわかる。まず「地域背景・ふつう」の学校では、経済資本＞文化資本＞社会関係資本の順に影響力が強くなっており、文化資本の影響力が全体で見たときよりも弱くなっているとともに、社会関係資本の影響力が強まっていることが注目される。一方で、「地域背景・しんどい」の学校では、社会関係資本の影響力が弱まり、統計的に有意ではなくなっているとともに、経済資本と文化資本の影響力（特に文化資本）が強まっていることがわかる。つまり、親子が住む地域的な背景の違いによって、三つの資本の影響力、特に社会関係資本の影響力が変わってくるという事実が明らかになった。

なぜ、このようなことが起こるのか。ここで、ひとつの仮説を提示してみたい。それは、人間関係における「つながり」という要素（＝社会関係資本）が学力にそれなりの影響力を与えるためには、ある程度の経済的・文化的な基盤が必要となるという仮説である。たしかな物質的・精神的基盤があるからこそ、はじめて各家庭が有す

表Ⅳ-6　経済格差（地域背景ふつう）

経済資本	世帯年収平均（万円）	度数（人）
上位	850.0	106
中位	501.2	84
下位	269.6	107
全体	542.3	297

表Ⅳ-7　経済資本×社会関係資本×学力

経済資本	社会関係資本	学力（点）	度数（人）
上位	上位	80.5	51
	中位	77.9	29
	下位	70.1	24
	全体	77.4	104
中位	上位	76.6	39
	中位	71.4	19
	下位	68.3	24
	全体	73.0	82
下位	上位	69.4	38
	中位	70.2	32
	下位	65.6	31
	全体	68.5	101

る「つながり」を教育達成に結びつけることができるのではないかと言い換えることができるかもしれない。逆に言うと、たしかな経済的・文化的資本という基盤がない家庭が多い地域では、人間関係の多い少ないによる学力格差は目につきにくいということである。

いずれにせよ、「人と人とのつながりが学力に影響を与える」ということ自体はたしかだと考えられるが、その影響力の強さや中身はその他の社会的要因との関係で定まっていくものであり、一義的なまとめ方は困難であると言わざるをえないようである。

5　社会関係資本の可能性

本章を締めくくるにあたって、社会関係資本が学力にたしかな影響を与えていた「地域背景・ふつう」のグループに焦点をあて、社会関係資本が家庭環境に恵まれない層にとって、よい影響を与える可能性があることを指摘しておきたい。ここでは、経済資本と社会関係資本とをクロスさせ、学力がどのように変化するのかを検討した。その結果が**表Ⅳ‐6**、**表Ⅳ‐7**である。

表Ⅳ‐6は、「地域背景ふつう」の世帯年収の差を示したものである。これをふまえ、表Ⅳ‐7を見ると、興味深い「逆転現象」、あるいは「乗り越え現象」を観察することができる（表中の網かけ部分）。すなわち、経済資本「下位」層でも、社会関係資本が「上位」「中位」ならば、約七〇点の平均点をとっていることがわかる。この得点は、経済資本「上位」で社会関係資本が「下位」であるグループや、経済資本「中位」で社会関係資本が「下位」「中位」であるグループの得点を上回るか、ほぼ同じかであるという結果となっている。

ここから示唆されるのは、たとえ家庭の収入が相対的に少なくても、親子のつながり、学校とのつながり、地域とのつながりが豊富であれば、学力を一定水準に保つことができるということである。この点において、社会関係資本は家庭環境の違いによる学力格差を縮小する可能性を有している、と概括できる。

6　小括

最後に、本章での分析結果を簡潔にまとめておきたい。まず、「子ども調査」を用いた分析では、家庭の教育的環境による学力格差および学習意欲・学習行動の差は二〇〇一年から二〇一三年にかけて縮まっていることがわかった。特に「低層」と「中層」のがんばりによって、全体的に底上げされていることが明らかになった。

次に、家庭環境をより直接的に把握することができる「保護者調査」を用いた分析では、親がもつ「資本」の多寡によって、比較的大きな学力格差が生じていることがわかった。さらに、人と人とのつながりの総体をあらわす社会関係資本の効果が、親子の住む地域の社会経済的背景によって異なることが明らかになるとともに、社会経済的背景が比較的に安定している地域では、社会関係資本が家庭環境の恵まれない子どもの学力に対してポジティブに作用する可能性が示唆された。

「家庭の力」の違いによって、学力格差が生じていることは間違いない。しかし本章の分析では、格差を乗り越える一筋の光を見出すこともできた。それは、子どもたちの学習意欲や学習行動を改善すること、そして親子の間、親と学校の間、親と地域の間に存在する「つながり」が、家庭環境の不利な子どもたちの学力を高める方向へと導く可能性である。

V　「格差」を克服する効果のある学校

これまでの分析から、家庭背景や男女による学力格差の実態が明らかとなった。それでは、こうした学力格差に対して、学校はどのような力を発揮しうるのだろうか。本章では、このことについて検討したい。

一二年前の調査では、「学力格差が拡大している」実態とともに、それを克服している「効果のある学校」、わかりやすく言えば「がんばっている学校」の存在が明らかとなった。「効果のある学校」とは、欧米で生まれた考え方で、人種や階層による学力格差をかなりの程度克服している学校のことである。前回調査では、全体としてみれば家庭背景のきびしい子どもたちが低学力層になる傾向にあったが、そうした子どもたちに高い水準の基礎学力を保障している学校が存在していることが明らかになったのである。それでは一二年前に比べて、学校は学力格差を克服することができるようになっているのだろうか。そして、前回「効果のある学校」であった学校は、今も「効果のある学校」であり続けているのだろうか。

1　学校効果の変化

まず、二〇〇一年から二〇一三年にかけて、調査対象である学校の効果がどのように変化した

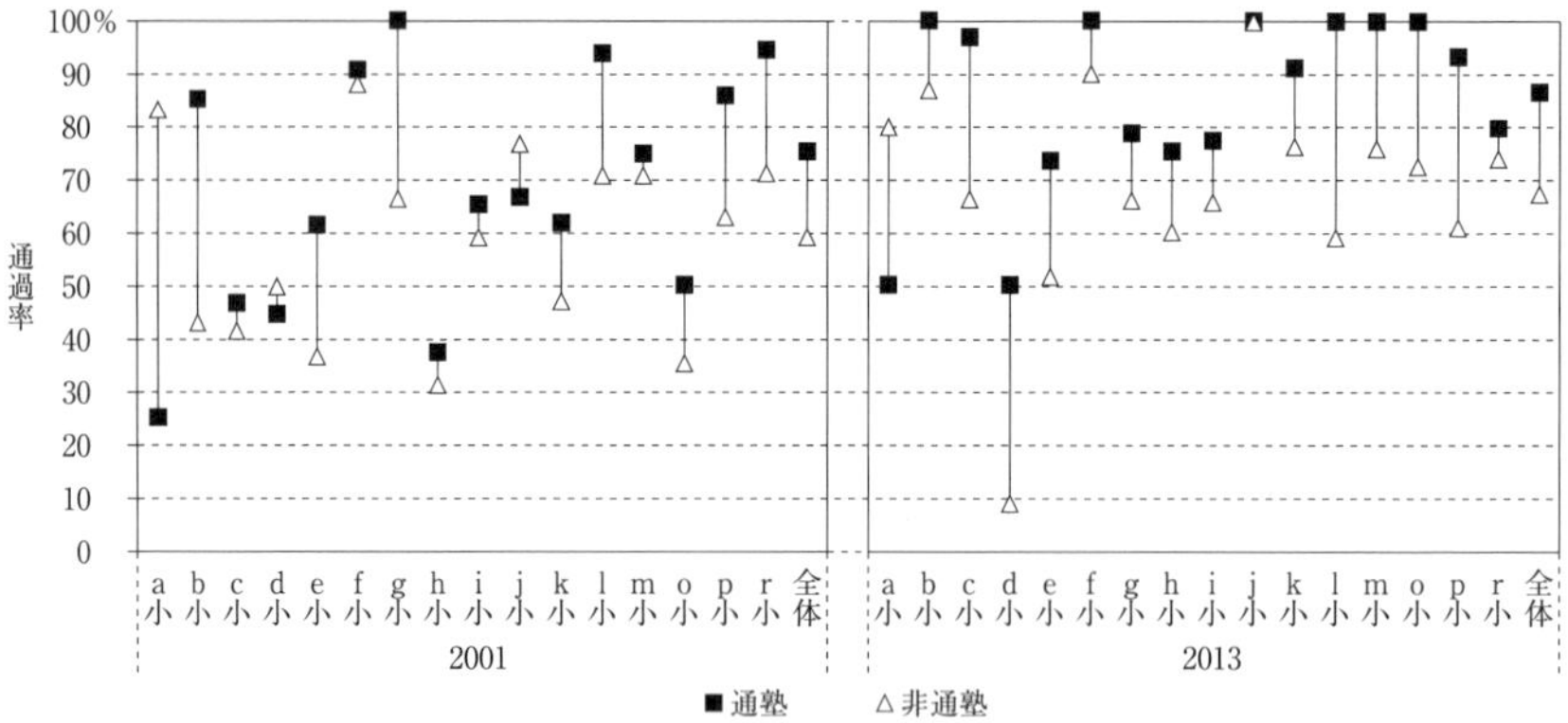

図V-1　小学校の効果の変化(2001→2013年)

のかについて確認したい。**図V-1**と**図V-2**は、二〇〇一年と二〇一三年ともに調査対象となった学校を取り出して、通塾している子どもと通塾していない子どもの「通過率」を、年ごと・学校ごとに示したものである。「通過率」とは、国語・算数の合計点が一三〇点(中学校は一一〇点)を基準点として、その基準点を通過している子どもの割合のことである。例えばb小学校の場合、一三〇点以上とった子どもの割合は、二〇〇一年に「通塾」グループが八五%、「非通塾」グループが四三%であったが、二〇一三年には「通塾」グループが一〇〇%、「非通塾」グループが八七%になったことを、この図は表している。学校ごとのたて線が高い位置にあるほどその学校の学力水準は高く、また、線が短いほど「通塾」グループと「非通塾」グループの格差が小さいことを意味する。

この図をみて一目でわかるのは、二〇〇一年に比べて二〇一三年では、多くの学校で「通過率」が高くなっているということである。例えば小学校をみてみよう。二〇〇一年の時点では、「非通塾」グループが六〇%を超えていない学校が一六校中八校であったのに対して、二〇一三年ではそれが三校になっている。中学

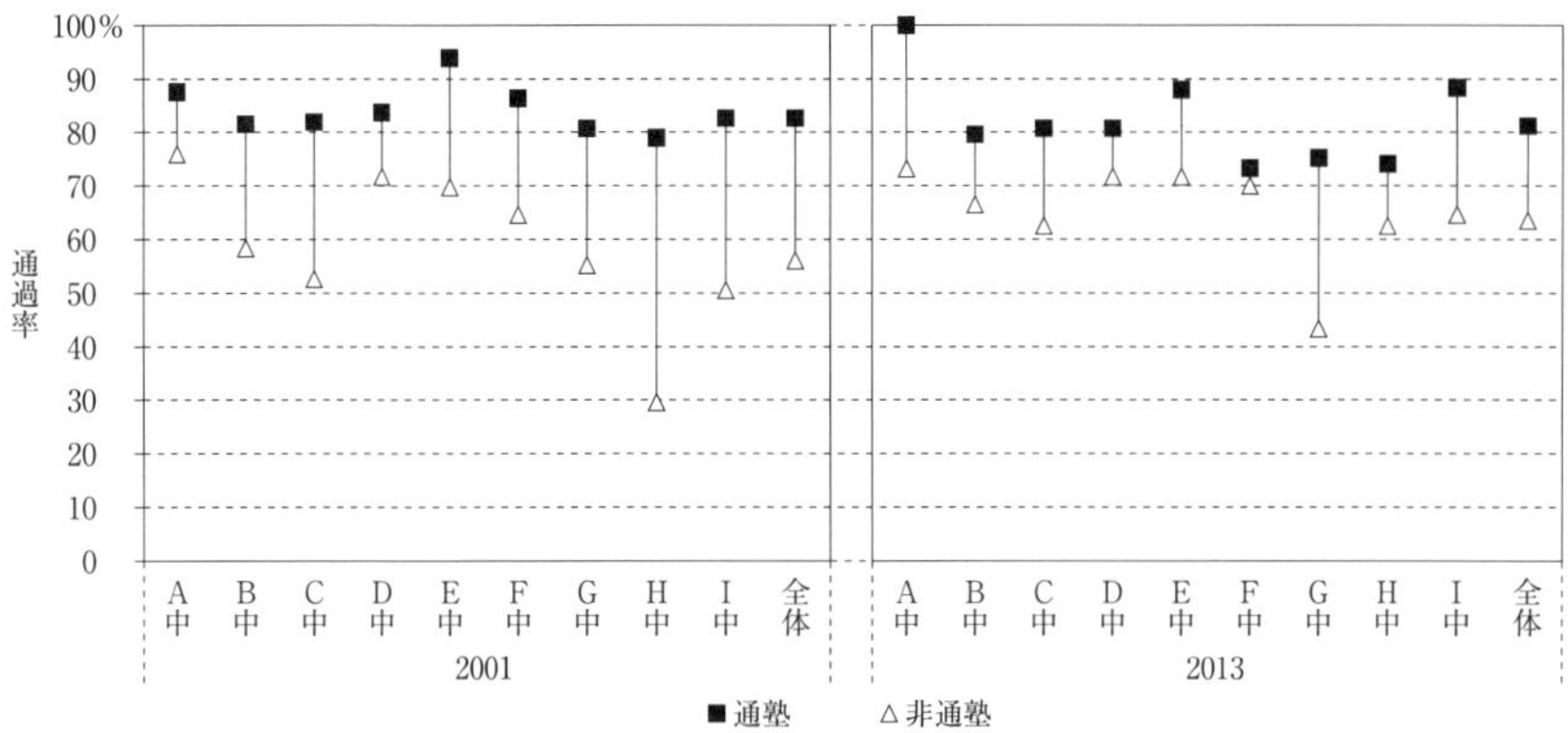

図V-2　中学校の効果の変化(2001→2013年)

校でも同様で、「非通塾」グループの通過率が六〇%を下回る学校は、二〇〇一年時点で九校中五校であったのに対して、二〇一三年には一校にまで減少している。つまり、一二年前に比べて、学校は「非通塾」グループの子どもたちの学力を下支えすることができるようになっているのである。塾に通っている／通っていないということが家庭背景を代理するものと考えれば、かつてよりも今日の学校は、家庭背景のきびしい子どもたちに基礎学力を獲得させることに、より成功していると指摘できる。

もう一つ、これらの図をみて注目すべきは、二〇〇一年と二〇一三年ともに、線の位置が相対的に高く、線の長さが比較的短い学校の存在である。すなわち、小学校ではf小学校、中学校ではE中学校がそれにあたる。これらの学校は、二〇〇一年調査において、「効果のある学校」として注目された学校である。一二年経った今日でも、その「効果」は衰えることなく持続しているのである。

なお、図V-1から、f小学校と同じように、b小学校やj小学校も「効果のある学校」ではないかと思われるかもしれない。もちろんそう言えるのだが、b小とj小は、一学年の児童の数が十数名という少人数の学校であり、対象学年の子どもたちの特性や学級担任のダイレクトな影響を受けやすいだろうと考えられる。そこでここでは、f小を「効果のある学校」の代表的事例として扱うことにしたい。

2　子ども調査からみる「がんばっている小学校」

塾に頼らない高い基礎学力

次に、f小学校の特徴についてみていこう。ここでは、前章の4節の分析で用いた「地域背景」の二つのカテゴリーから二校ずつ小学校を選定し、他校との比較からf小学校の特徴を把握していきたい。具体的には、「地域背景・しんどい」からは、「がんばっている学校」であるf小学校と、家庭背景・学力ともにきわめてきびしい状況におかれているd小学校（「しんどい学校」）、そして、「地域背景・ふつう」からは、子どもたちの家庭背景が対象校の中でも中ほどであるi小学校（「ふつうの学校」）と、めぐまれた家庭の子どもが多いr小学校（「めぐまれている学校」）を選定した。

それぞれの学校のプロフィールを示した**表Ⅴ-1**をみれば、四小学校の違いが一目瞭然である。他の三校に比べて、「めぐまれている学校」では通塾率および短大・大卒の学歴をもつ母親の割合がきわめて高くなっている。残念ながら「しんどい学校」は保護者調査を受けていないため、母親の学歴についてはわからないが、要保護家庭児童の在籍率などを参考にすると、他の小学校よりも家庭背景がきびしい子どもがきわめて多く、学力の平均点も非常に低くなっている。

表V-1　4小学校のプロフィール

	人数	国語の平均点	算数の平均点	通塾率	母学歴（短大・大卒率）	要保護家庭児童の在籍率
しんどい学校	32	48.7	32.7	21.4%	—	20% 以上
がんばっている学校	66	77.3	79.0	35.9%	23.9%	5〜10%
ふつうの学校	129	69.3	63.9	20.2%	33.3%	3〜5%
めぐまれている学校	77	73.8	67.1	57.9%	69.9%	1% 未満
全体	1444	71.6	65.6	34.0%	36.7%	

この表をみれば、「がんばっている学校」の効果がいかにすごいかがわかるだろう。「がんばっている学校」は、在籍している子どもたちの家庭背景は有利な状況にあるとは言えないにもかかわらず、めぐまれた家庭の子どもが多いｒ小学校の平均点を国語・算数ともに大きく上回っているのである。

次に、各校の得点分布をみてみよう。次頁の**図V-3**は、四小学校の算数の得点分布を、塾に通っていない者に限定して示したものである。ｆ小学校以外の小学校は、四〇点台以下の子どもも少なくないのに対して、ｆ小学校は一〇点台に二・四%（一人）いるものの、ほとんどの子どもが五〇点以上をとっていることがわかる。また、八〇点台や九〇点以上の割合も、他の小学校に比べて非常に高い。ｆ小学校では、塾に通わなくても高い基礎学力を身につけられることを、このグラフは物語っている。

図V-3で目を引くのは「がんばっている学校」だけではない。四〇点台以下に偏っている「しんどい学校」の得点分布である。表V-1に示されている「しんどい学校」の平均点の低さは、この分布に表れているように、ひとえに低学力層の多さに起因している。

もっとも後述するように、子どもたちへのアンケート調査の結果を見るかぎり、「しんどい学校」の教師たちは子どもたちにきわめて手厚くかかわりを持とうとしている。それでも、このように低学力の子どもの割合が高くな

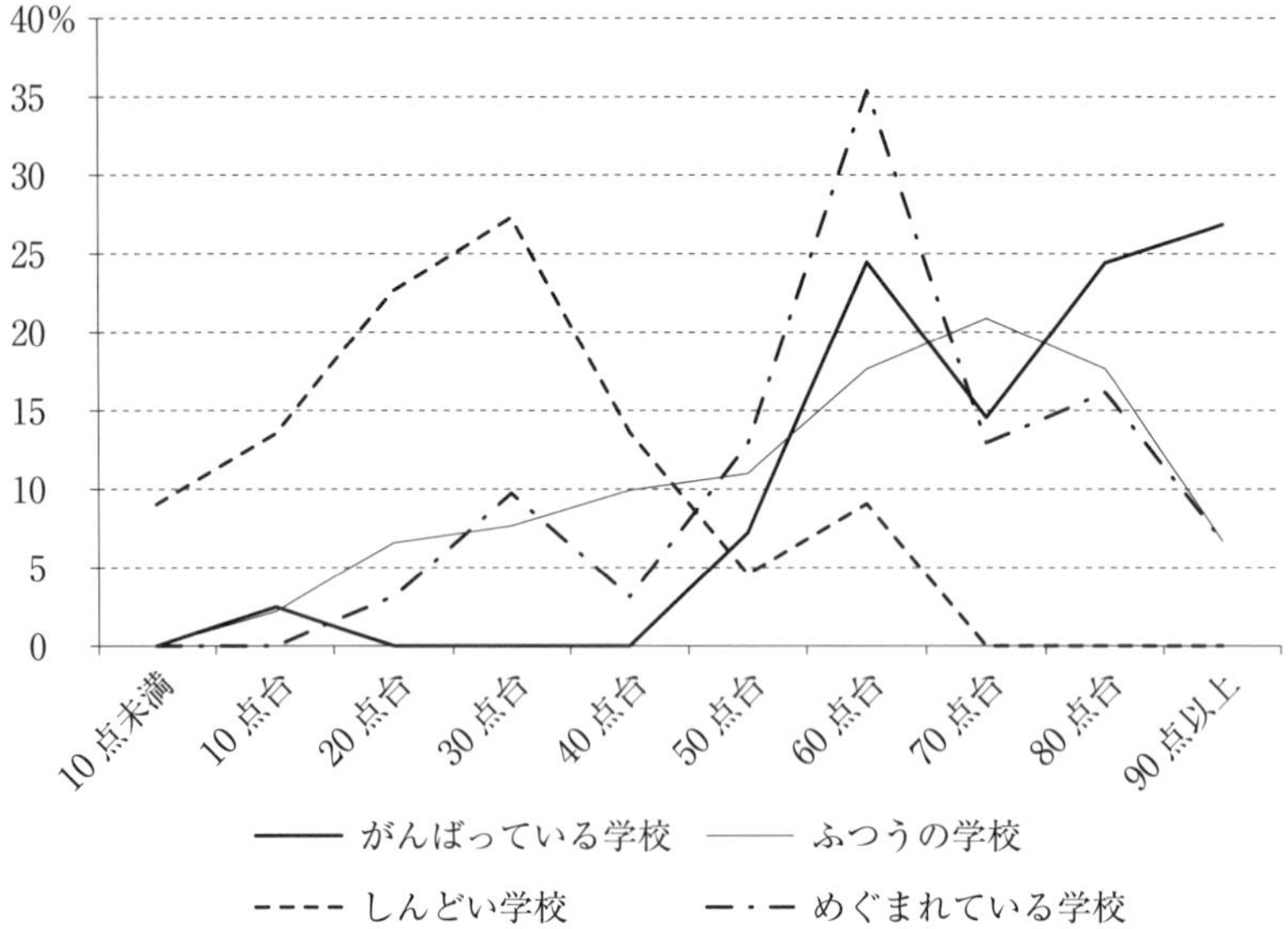

図V-3　算数の得点分布(塾に通っていない者の値)

ってしまうのである。このような「しんどい学校」の存在は、「がんばっても成果が出ない」ほどにきびしい状況におかれた学校が公立学校のなかにあることを示唆するものである。

学習習慣と意識面

それでは、f小学校の授業形態、子どもたちの家庭学習習慣や意識はどのようになっているのだろうか。四つの小学校における子どもの回答を整理したのが、**表V-2**である。

まず、「家庭学習」に関する項目に着目してみると、「三〇分以上勉強する」という子どもの割合が、他の三つの小学校に比べて、f小では非常に高いことがわかる。その一方で、「学校の宿題をいつもする」や「宿題はきちんとする」という項目では、それほど顕著な違いがないことから、宿題の量や内容において学校間に差があるのではないかと推測できる。実際に、かつてf小で調査を行った志水(二〇

表V-2　生活アンケートの結果(学校別)

		がんばっている学校	ふつうの学校	めぐまれている学校	しんどい学校	回答内容
家庭学習	30分以上勉強する	73.4%	52.0%	59.9%	22.6%	
	学校の宿題をする	81.3%	79.3%	92.1%	84.4%	「いつもする」
	宿題はきちんとする	66.1%	64.2%	68.4%	78.1%	「とてもあてはまる」
	分からないときは自分で調べる	53.1%	39.0%	33.8%	44.4%	「あてはまる」
授業形態(算数)	教科書や黒板を使って先生が教える	90.6%	91.1%	93.5%	90.3%	「よくある」
	ドリルや小テストをする	81.3%	21.5%	20.8%	58.1%	「よくある」
	宿題がでる	48.3%	25.6%	24.7%	58.1%	「よくある」
	ペアやグループで話し合う	73.5%	65.6%	87.0%	64.6%	「よくある」「ときどきある」
	自分で考えたり，調べたりする	33.3%	43.4%	42.7%	30.0%	「よくある」
	自分たちの考えを発表したり，意見を言い合う	73.0%	56.6%	70.1%	31.0%	「よくある」
	パソコンを活用する	38.7%	36.3%	10.4%	48.4%	「よくある」「ときどきある」
意識	勉強は将来役立つ	64.1%	51.6%	49.4%	65.6%	「とてもあてはまる」
	嫌いな科目でも頑張ってやる	45.3%	33.3%	30.3%	40.0%	「よくあてはまる」
	自分には人よりすぐれたところがある	37.5%	29.2%	23.4%	31.3%	「はい」

注：網かけ部分は，他の3小学校よりも10% 以上結果が肯定的であることを示している．

表V-3　教師との関係(学校別)

	がんばっている学校	ふつうの学校	めぐまれている学校	しんどい学校
なんでも話せる先生がいる	17.5%	19.5%	20.8%	58.1%
先生から話しかけられることが多い	9.5%	16.4%	10.4%	37.5%
いろんな先生と話をする	17.2%	21.0%	19.5%	40.6%

注：「とてもあてはまる」と答えた割合.

〇三)は、基礎学力の高さを支える要因の一つとして、「学校での学びと家庭での学びの有機的なリンク」を指摘している。おそらく、表V-2の「授業形態」において、「ドリルや小テストをする」や「宿題がでる」という項目の数値が高くなっているのも、「学校での学びと家庭での学び」が有機的にリンクしていることの反映であろう。志水が調査を行ってから一〇年以上経つが、f小では基礎学力を保障するための実践が今もなお受け継がれていることを、この結果は示している。また、その他にも「ペアやグループで話し合う」や「自分たちの考えを発表したり、意見を言い合ったりする」と回答している子どもの割合も高く、f小ではさまざまなタイプの授業が積極的に行われていることがわかる。さらに、意識面においても、f小では比較的ポジティブな回答が目立つ。これらの結果から、基礎学力の高さだけではないさまざまな側面において、f小学校の実践が子どもたちにのぞましい「効果」を発揮している可能性を読み取ることができる。

ちなみに、「しんどい学校」では、必ずしも肯定的な回答の割合が少ないとは言えない。また、**表V-3**に示すように、教師との関係をたずねた項目では、「しんどい学校」において、最も肯定的な回答の割合が高くなっている。おそらく、「しんどい学校」の教師たちは、子どもたちの非常にきびしい家庭環境・学力をふまえて、きわめて積極的に彼らとかかわりを持とうとしている。にもかかわらず、目に見える結果にはつながっていないのである。これらのことをふまえると、「しんどい学校」は、「がんばっていないからしんどい」のではなくて、「がんばってはいるが、成果が出ていない」学校と見た方が正確である。「効果のある学校」を見定め、その優れた実践を紹介していく一方で、「学校の力」だけではどうにも限界があるという事実を指摘することも、私たち研究者の役目であるように思われる。

3　保護者調査からみる「がんばっている小学校」

話をf小学校に戻そう。今回の調査では、保護者へのアンケート調査も行っているので、保護者の回答傾向についても確認することができる。その中でとりわけ特徴的な差異がみられた項目が、学校との関係性をたずねた項目である。次頁の**表V-4**は、保護者と学校との関係に関する項目の結果を示したものである。この表に示されているように、「がんばっている学校」では、「学校の教育目標を知っている」をはじめとする多くの項目で、肯定的な回答をする保護者の割合が非常に高い。また、「地域の子どもの教育に関わってくれる人が多い」「ボランティアでの学校の支援」に関しては、他の項目ほど顕著ではないにしても、「めぐまれている学校」と同程度の割合になっている。こうした結果は、f小の保護者たちが、相対的にきびしい環境におかれながらも、学校へ積極的にかかわり、互いに協力しながら子どもたちへの教育を行おうとしていることを示唆している。f小の保護者は学校を信頼し、その教育活動を積極的にサポートしようと

表Ⅴ-4　保護者アンケートの結果(学校別)

		がんばっている学校	ふつうの学校	めぐまれている学校	しんどい学校	回答内容
	学校の教育目標を知っている	63.8%	39.1%	49.1%	—	「知っている」
	学校は期待に応えてくれている	17.4%	8.8%	1.8%	—	「そう思う」
	学力の状況について説明してくれる	24.4%	13.2%	1.9%	—	「あてはまる」「どちらかといえば，あてはまる」
	学校は学習の仕方を教えてくれる	60.0%	32.7%	34.0%	—	「あてはまる」「どちらかといえば，あてはまる」
	先生に相談したり要望を伝えやすい	34.8%	21.7%	13.5%	—	「あてはまる」
	地域の子どもの教育に関わってくれる人が多い	35.6%	17.1%	40.0%	—	「そう思う」
	ボランティアでの学校の支援	36.9%	24.0%	38.2%	—	「よくする」「時々する」
回答した保護者の数		47	115	54	—	

注：網かけ部分は，他の小学校よりも 10% 以上結果が肯定的であることを示している．

しているのである。

これらの結果から、f小学校においては、子どもたちのみならず、保護者をも巻き込みながら教育活動を行うことに成功していることが知れよう。

確かに、前章の分析から明らかなように、地域背景がきびしい学校では、経済資本や文化資本に比べて、社会関係資本が学力へ強い影響を与えることはないのかもしれない。しかしながら、前章での分析は保護者自身の社会関係資本に限定したものであり、学校と保護者との関係や学校と子どもたちとの関係などを含めた、学校が所有する社会関係資本が学力に与える影響力を否定するものではない。高い基礎学力を大多数の子どもに保障しているf小において、保護者と学校の関係性が良好であることを示す表Ⅴ-4の結果は、学力と社会関係資本の確かな関連性を示唆するものとなっていると解釈できる。

また、それだけではなく、この表の結果は、学力にポジティブな影響を与える社会関係資本を学校がつくり出す可能性をも示唆している。経済資本・文化資本と比較した場合の社会関係資本の特徴は、その可変性にある(高田、二〇〇九)。言いかえれば、家庭の経済資本・文化資本を学校自体が変えることはできないが、社会関係資本は、学校が家庭に働きかけること、家庭と協働することによって、変容させることが可能である。その意味では、経済資本・文化資本は、特定のタイプの子どもたちや家庭を排除する社会的機能を持ちうるが、社会関係資本は、きびしい環境におかれた子ども・家庭にも開かれている。確かに「めぐまれている学校」において、「地域の子どもの教育に関わってくれる人が多い」「ボランティアでの学校の支援」をするという項目で肯定的な回答が多いように、経済資本や文化資本にめぐまれた家庭が、豊富な社会関係資本を有する傾向は存在するのかもしれない。しかしながら、それと同程度に「がんばっている学校」においても肯定的な割合が高いことから、学校が社会関係資本をつくり出し、それを子どもたちへの教育の資源へと転換していけることを、この結果は物語っていると指摘しておきたい。

4　「がんばっている中学校」

これまでf小学校の特徴を他の小学校と比較しながらみてきた。中学校の中にも、E中学校という「がんばっている学校」がある。とりわけ、f小学校の卒業生たちが入学していくE中もまた、前回の二〇〇一年調査で「効果のある学校」だと判定された学校、すなわち継続的に「効果

表V-5　中学校のアンケートの結果

		がんばっている学校	その他のしんどい学校	回答内容
家庭学習	家で勉強をする時間	35.0%	47.2%	「ほとんどしない」
	学校の宿題をする	36.7%	26.6%	「いつもする」
	宿題はきちんとする	82.9%	62.1%	「とてもあてはまる」
授業形態(数学)	教科書や黒板を使って先生が教える	93.7%	82.2%	「よくある」
	ドリルや小テストをする	90.5%	44.4%	「よくある」「ときどきある」
	宿題がでる	79.1%	63.7%	「よくある」「ときどきある」
	ペアやグループで話し合う	49.4%	66.3%	「よくある」「ときどきある」
	自分で考えたり，調べたりする	67.3%	62.0%	「よくある」「ときどきある」
	自分たちの考えを発表したり，意見を言い合う	50.6%	54.3%	「よくある」「ときどきある」
	パソコンを活用する	4.4%	4.2%	「よくある」「ときどきある」
対象者数(生徒)		180	452	
保護者	学校の教育目標を知っている	36.1%	24.3%	「知っている」
	学校は期待に応えてくれている	71.6%	50.7%	「そう思う」「どちらかといえばそう思う」
	学力の状況について説明してくれる	56.6%	58.9%	「あてはまる」「どちらかといえば，あてはまる」
	学校は学習の仕方を教えてくれる	38.6%	23.9%	「あてはまる」「どちらかといえば，あてはまる」
	先生に相談したり要望を伝えやすい	64.6%	69.0%	「あてはまる」「どちらかといえば，あてはまる」
	地域の子どもの教育に関わってくれる人が多い	78.5%	54.2%	「そう思う」「どちらかといえば，そう思う」
	ボランティアでの学校の支援	13.4%	12.2%	「よくする」「時々する」
対象者数(保護者)		84	71	

注：網かけ部分は，他の中学校よりも 10% 以上結果が肯定的であることを示している．

のある学校」であることは、きわめて重要な事実である。紙幅の都合上、f小ほどにていねいに分析することはできないが、E中の特徴についてもみておきたい。

表Ⅴ-5は、「家庭学習」「授業形態」「保護者」の回答について、要保護家庭児童の在籍率などを考慮し、E中(「がんばっている学校」)と同程度のきびしい環境におかれた生徒たちが通う中学校五校とを比較したものである。ただし、保護者調査については、残念ながら五校中二校しか受けていないため、対象者数が少なくなっていることには注意が必要である。

この表をみると、他の「しんどい」中学校に比べて、E中では「家庭学習」「授業形態」「保護者」の回答において、ポジティブなものが目立つ。つまり、f小と同じようにE中でも、子どもたちの学習習慣がきちんと確立され、さまざまなタイプの授業が積極的に行われ、そして、保護者との信頼関係を築くことに成功していることがわかる。f小学校だけでなく、その卒業生が進む中学校でも高い「効果」が表れているのである。こうした結果は、小学校を超えた中学校区で、効果のある取り組みがなされていることを示唆するものと考えることもできる。今後は、学校を超えた「がんばっている校区」という視点で、さまざまな教育的取り組みを分析することが重要になってくるかもしれない。

5　小括

今回の調査結果を、f小の教師たちは驚きをもって迎えた。その主な理由は、二つである。第一に、今回の対象となった学年には家庭背景がきびしい子どもたちが多いために、教師たちは結果は芳《かんば》しくないであろうと予想していたという。第二に、多くの教員が入れ替わり、若手教員が増える中で、かつての取り組みをきちんと継承できているのかという不安があったという。しかし、そうした予想をよい方に裏切って、f小の結果は一二年前と同様に卓越したものであった。本章でみてきた結果をふまえると、このエピソードは、たとえ教員の入れ替わりがあろうとも、またどのような学年集団であろうとも、高い基礎学力を保障していける「システム」をf小が校内に有していることを物語っている。

無前提に「がんばっている学校」を賞揚することは危険でもある。というのも、「しんどい学校」の存在が象徴するように、「がんばっても成果が出ない」ほどにきびしい環境に置かれた公立学校も確かに存在するからだ。また、「がんばっている学校」の教師たちの努力は並大抵のものではないだろう。とはいえ、これらの事実は学校の力を否定するものではなく、むしろ学校のがんばりを支える制度や政策の重要性を訴えるものである。そうした学校の力が発揮されるような条件整備がきちんとなされたとき、f小やE中のように「高い効果」を継続的に発揮できる学校が生まれるのだろう。学校は決して格差の克服に無力ではないのである。

おわりに

1　本調査から明らかになったこと

まず、Ⅱ章からⅤ章の分析で明らかになったことを簡潔に整理しておきたい。

全体のトレンド（Ⅱ章）：最も平均点が高いのは第一回調査（一九八九年）であり、第二回調査（二〇〇一年）では大きな落ち込みが見られた。第三回調査（二〇一三年）では、中学校の数学を除いて回復傾向にある。それに合わせて、学力格差も縮小傾向にある。

性別による格差（Ⅲ章）：国語は小・中学校とも女子の方が高い。算数では差はほとんどないが、数学では女子の方がやや高くなっている。女子では「友だちと教え合う」ことが、男子では「友だちと競い合う」ことが、それぞれ高い学力の形成に強く関係している。

家庭背景による格差（Ⅳ章）：第二回調査（二〇〇一年）に比べると、今回は、家庭の教育的環境が「中位」「低位」にある子どもたちの学習意欲や学習行動に改善が見られ、それが全体的な学力の回復につながっている。保護者が所有する三つの資本のうち、学力に強く関係しているのは経済資本と文化資本だが、社会関係資本も一定の影響力を有していると言える。

格差を縮小する学校（Ⅴ章）：第二回調査と比べ、全体として学力の底上げに成功している学校が増えている。とりわけ前回特に「効果のある学校」だと判定された小・中学校（f小とE中）は、今回も良好な成績を示し、アンケート結果も積極的なものとなっている。逆に、「がんばっても成果の出ない」学校の存在も指摘できる。

2　結果をどのように評価すべきか

本書の最大の特徴は、三時点での学力調査の結果を比較したことにある。その三時点は、「ゆとり以前」(一九八九年)→「ゆとり時代」(二〇〇一年)→「ポストゆとり」(二〇一三年)のそれぞれの時期に小・中学校生活を送った子どもたちを対象にしていると、大まかに見積もることができる。つまり、第一回調査はゆとり教育の前の状況を、第二回調査はゆとり教育の影響を、そして今回(第三回)の調査はゆとり教育以降の「確かな学力向上路線」の影響をそれぞれ反映していると見ることができる。

ここで整理したⅡ・Ⅳ・Ⅴ章の知見は、そうした日本の政策動向と軌を一にするものであった。端的に言うなら、学力向上路線のもとで、子どもたちの学力は再浮上し、その格差も縮小しはじめたのである。本論でも述べたが、こうしたトレンドは、一五歳児を対象とするPISA調査(PISA二〇〇九、およびPISA二〇一二)の結果と一致する。

とは言うものの、当初私たち研究チームは、今回の調査では子どもたちの学力格差の実態がより深刻になるかもしれないという懸念を有していた。なぜならば、私たちの調査が対象としている地域・学校は、日本の中では社会経済的にややきびしい環境にあると考えられるところであり、二〇〇〇年代以降の格差社会化の進行の中で、子どもたちの生活実態はきびしさを増しているという印象を有していたからである。さらに、二〇〇〇年代に入っての日本の教育政策はどちらかというと競争主義・成果主義を旨とする新自由主義的な色彩を強く有しており、社会的な平等や公正をめざす視点はうすいと、私たちは判断していた(志水・高田、二〇一二)。橋下徹氏の強いリーダーシップのもとで新自由主義的教育改革が推進されてきた大阪では(志水、二〇一二)、子どもたちの学力格差はより先鋭的なものとなると心配していたのである。

しかしながら、私たちの不安は杞憂《きゆう》に過ぎなかった。私たちの調査の範囲内でだが、家庭環境の影響力は相対的に弱まり、逆に「学校の力」がクローズアップされる結果となった。さまざまなハンディがあるにもかかわらず、学校・教師の学力向上に向けての取り組みが、少なくとも二〇〇一年時点と比べると、子どもたちの基礎学力や学習に対するモチベーションを全体として引き上げていることが明らかになったのである。

前回の二〇〇一年調査を担当した私(志水)にとって、当時の「効果のある学校」の代表例としてのf小学校やE中学校が、今回も「効果のある学校」としての実質を備えているという明確な結果が出てきたことは、うれしい驚きであった。第一に、同和対策が二〇〇二年度で切れたことによって、同和教育推進校であるそれらの学校に対する人的支援の手厚さが大幅に後退したこと。第二に、教員の世代交代によって、若い教師たちがそれらの学校に大量に採用・配置されるようになっていること。第三に、その結果として、学校の伝統や文化を継承していくことが以前に比べはるかに困難になっていること。そうした事情があるために、今回はかなりきびしい結果が出るのではと、内心覚悟していた。しかしながら結果は、V章に述べたようにすばらしいものであった。

たとえf小やE中のように顕著な成果が出なくても、すべての学校の先生方は、子どもたちの学力向上に向けて相応の努力を傾けているはずである。V章でふれた「しんどい学校」における先生方の努力には、涙ぐましいものがあるに違いない。「学校の力」が発揮されないのは、多くの場合、それを無化してしまうような家庭や地域における諸課題があるから、あるいはその発現をさまたげる制度的・政策的制約があるからだと考えられる。学校・教師のがんばりは、正当に評価されなければならない。

「学校の力」を十分に発揮させるための一つの工夫として本書が提唱したいのが、社会関係資本の活用である。Ⅳ章でみたように、保護者の有する社会関係資本は、経済資本・文化資本には及ばないものの、一定の影響力を子どもの学力に及ぼしていた。V章でのf小の事例に示されているように、学校が保護者との間に社会関係資本をつくり出し、それを子どもたちの教育資源へと転換していくという道筋が有効であろう。

これまでの議論をまとめると、次のようになる。

まず、指摘しなければならないのは、政策の重要性である。私たちの調査結果が示しているのは、「ゆとり教育路線」から「確かな学力向上路線」への政策転換が、子どもたちの学力形成に大きな影響を与えたという事実である。

そして次に強調しておきたいのが、「学校の力」の見直しである。政策の転換を実質化するのは教育現場の動きであり、教師たちの働きである。子どもたちの学習意欲や学習習慣を高めるための取り組みや授業改善に向けての継続的な努力が、今回の調査結果を生み出したと言って間違いないだろう。教師の働きなくして、学力下位層の底上げは図られないのだから。

そして最後に、社会関係資本の戦略的な意義である。経済資本・文化資本による説明は決定論に陥りがちである。家庭の収入や親の学歴が高いほど子どもたちの学力は高くなる、というのは今や自明のことがらである。そこでとどまっていては、展望は見えない。学校の内部、そしてその周囲に社会関係資本を蓄積していくこと。地道な作業であるが、その延長線上に子どもたちの学力格差の克服にいたる道は開けるだろう。

3　残された課題

本書を締めくくるにあたって、今後の課題として三点をあげておきたい。

一点めは、学力形成に対する社会関係資本の影響力のさらなる探究である。本書では、アンケートの項目から保護者が有する社会関係資本を暫定的に指標化したが（表Ⅳ-4）、その妥当性については議論が分かれるところであろう。よりよい指標の開発のうえに立って、社会関係資本が有する教育上の可能性について、多様な形での実証研究の実施とその検討がのぞまれる。

二点めは、学力の男女格差問題の掘り下げである。本書のⅢ章では、きわめて基本的なレベルで、学力の男女格差についての考察を行った。日本国内では、この問題についての先行研究がほとんどない。欧米のジェンダー研究の成果を取り入れながら、さらなる学問的探究が継続的に行われなければならない。

三点めは、学力の構成要素、具体的にはA問題で測られる力とB問題で測られる力との関係性の検討である。Ⅱ章（表Ⅱ-2）で見たように、今回（二〇一三年）の結果は一九八九年の水準にまでは回復していない。しかしそれは、「A問題」に限定した話である。現代の子どもたちが、かつての子どもたちにはない「B学力」を有しているとすれば、「A問題」の得点が多少低くてもどうということはないだろう。しかしそのあたりの問題に解答を与えてくれるようなデータは、まだ日本には存在しない。全国学力テストの今後の設計もふくめ、調査研究のさらなる展開が期待されるところである。

引用・参考文献

〈第Ⅲ章〉
橋本紀子 二〇〇五、「フィンランドの女子生徒の「読解力」の高さとその背景」教育科学研究会編『なぜフィンランドの子どもたちは「学力」が高いか』国土社。
大阪大学人間科学研究科 二〇一一、『子どもたちの学力水準を下支えしている学校の特徴に関する調査研究：平成二二年度文部科学省委託研究「学力調査を活用した専門的課題分析に関する調査研究」研究成果報告書』。
〈第Ⅳ章〉
Bourdieu, p., 1986, "The forms of capital," in J.G. Richardson (ed.) *Handbook of Theory and Research for the Sociology of Education*, New York: Greenwood, pp. 241-258.

志水宏吉・中村瑛仁・知念渉 二〇一二、「学力と社会関係資本――「つながり格差」について（第二章）」志水宏吉・高田一宏編『学力の国際比較【国内編】――全国学力テストは都道府県に何をもたらしたか』明石書店。

〈第V章〉

志水宏吉 二〇〇三、『公立小学校の挑戦――「力のある学校」とはなにか』岩波ブックレット。

高田一宏 二〇〇九、「教育における協働と「力のある学校」」志水宏吉編『「力のある学校」の探究』大阪大学出版会。

〈おわりに〉

志水宏吉・高田一宏編『学力の国際比較【国内編】――全国学力テストは都道府県に何をもたらしたか』明石書店。

志水宏吉 二〇一二、『検証　大阪の教育改革――いま、何が起こっているのか』岩波ブックレット。

次のプリントは俵山中学校の図書委員会新聞です。この新聞を読んで、あとの問いに答えなさい。

図書館へ行こう!!

俵山中学校　図書委員会新聞（平成25年6月3日発行）

「図書館へ行こうキャンペーン」を実施中!!

図書委員会では、本日から1学期終業式まで「図書館へ行こうキャンペーン」を実施しています。「図書館において欲しい本アンケート」を実施して、本を購入するなど、「もっと来たくなる!!図書館」作りを目指してがんばっています。

俵山中生の読書の様子をアンケートしたところ、このような結果が出ましたので報告します。

【グラフ】と【コメント】

もっと本を読んで欲しい！もっと図書館に来て欲しい！と図書委員一同でお待ちしています!!

【連絡】終業式の日（7月19日）も11時から12時まで開館しています。夏休みに読む本を借りに来てください！

（1）　図書委員会では「図書館へ行こうキャンペーン」を実施していますが、このキャンペーンの実施期間はいつからいつまでですか。（数字でも漢数字でもかまいません）

平成　　年　　月　　日から　平成　　年　　月　　日まで

（2）　次の【グラフ1】【グラフ2】【グラフ3】は「俵山中生の読書の様子をアンケート」の結果です。新聞の中央にある「【グラフ】と【コメント】」にこのグラフの中の一つとそれについてのコメントをのせて、アピールします。

あなたならどのグラフをつけますか。また、どんなコメントをつけますか。次の〈条件〉にあわせて解答しなさい。

【グラフ1】

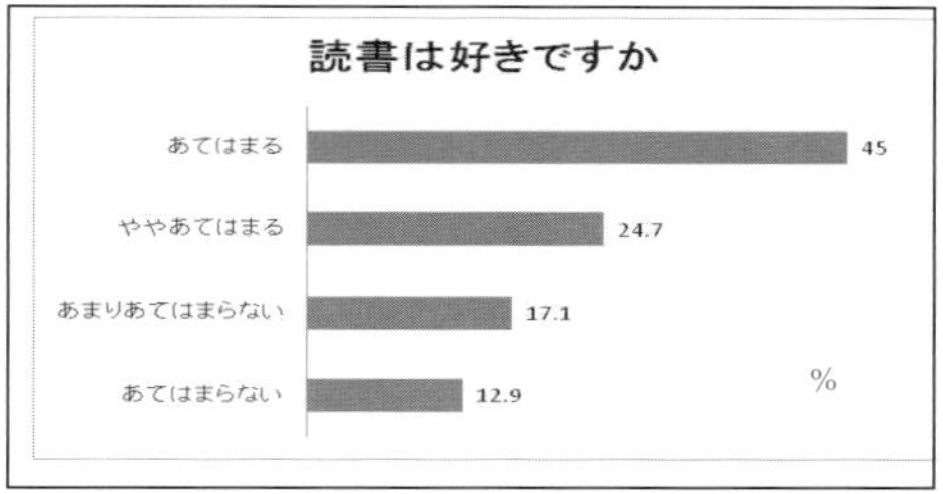

【グラフ2】

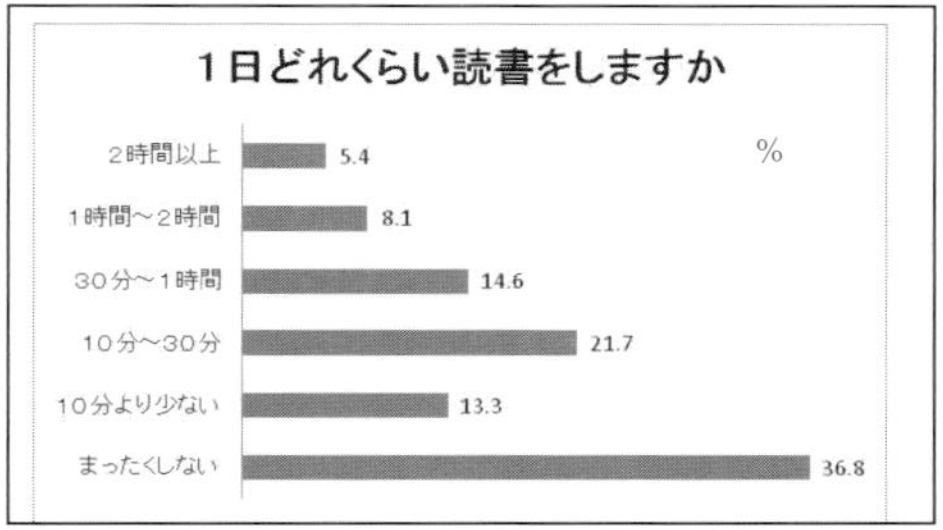

【グラフ3】

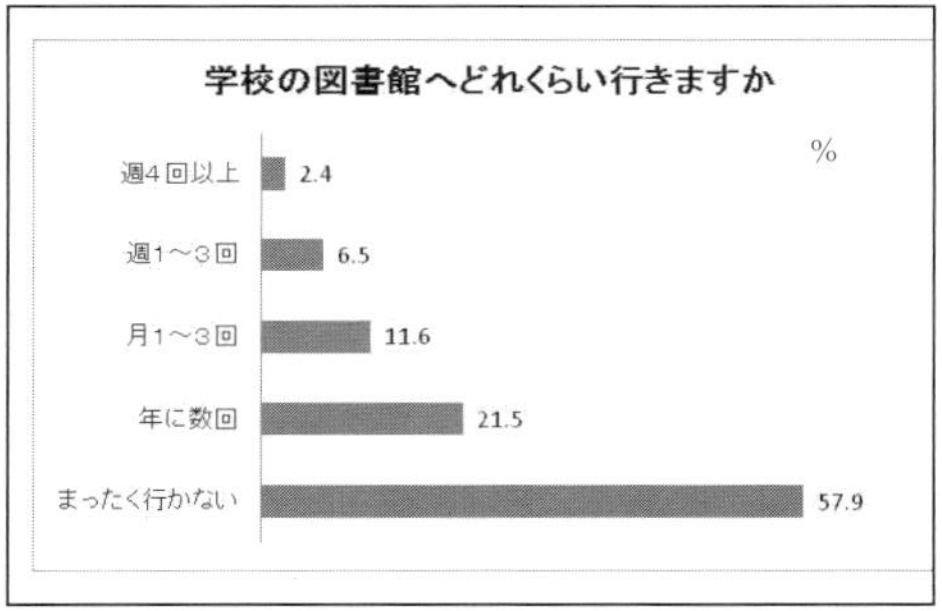

〈条件〉

・【グラフ1】【グラフ2】【グラフ3】から一つを選び、(例) にしたがって【コメント】をつけなさい。

・【コメント】には次の二点について書くこと。

①グラフの中の具体的な数値をあげて、自分の考えを書く。

②読書や図書館の利用をアピールする内容を書く。

・字数については制限しないが、解答らんに入るように書くこと。

(例)

【グラフ】

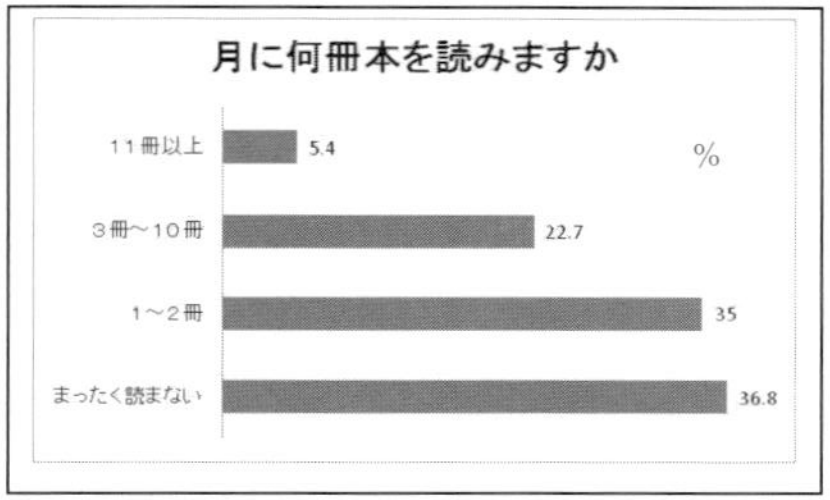

【コメント】

全校の 28.1%の人が月に3冊以上の本を読んでいます。これはおよそ週に1冊読んでいることになります。

「週に1冊」を目標にみなさんも読書を楽しみましょう。

志水宏吉

1959年兵庫県生まれ．大阪大学大学院人間科学研究科教授．学校臨床学，教育社会学．著書に『ニューカマーと教育――学校文化とエスニシティの葛藤をめぐって』(共編著，明石書店)，『公立小学校の挑戦――「力のある学校」とはなにか』『全国学力テスト――その功罪を問う』『検証 大阪の教育改革』(いずれも岩波ブックレット)，『学力を育てる』(岩波新書)，『公立学校の底力』(ちくま新書)，『グローバル化・社会変動と教育2 文化と不平等の教育社会学』(共編訳，東京大学出版会)など．本書のⅠ，Ⅱ章，「おわりに」を執筆．

伊佐夏実

1979年京都府生まれ．宝塚大学造形芸術学部専任講師．教育社会学．著書に『「力のある学校」の探究』(共著，大阪大学出版会)，論文に「公立中学校における「現場の教授学」」『教育社会学研究』(86集，2010年)など．本書のⅢ章を執筆．

知念 渉

1985年沖縄県生まれ．神田外語大学外国語学部講師．教育社会学．著書に『学力政策の比較社会学【国内編】――全国学力テストは都道府県に何をもたらしたか』(志水宏吉ほかと共著，明石書店)，論文に「〈ヤンチャな子ら〉の学校経験――学校文化への異化と同化のジレンマのなかで」『教育社会学研究』(91集，2012年)など．本書のⅤ章を執筆．

芝野淳一

1986年兵庫県生まれ．大阪成蹊大学教育学部専任講師．教育社会学．著書に『日本の外国人学校――トランスナショナリティをめぐる教育政策の課題』(共著，明石書店)，論文に「日本人学校職員の「日本らしさ」をめぐる実践と葛藤――トランスナショナル化する在外教育施設を事例に」『教育社会学研究』(95集，2014年)など．本書のⅣ章を執筆．

調査報告「学力格差」の実態　　岩波ブックレット 900

2014年6月4日　第1刷発行
2018年4月5日　第4刷発行

著　者　志水宏吉《しみずこうきち》　伊佐夏実《いさなつみ》　知念《ちねん》　渉《あゆむ》　芝野淳一《しばのじゅんいち》

発行者　岡本　厚

発行所　株式会社　岩波書店
〒101-8002 東京都千代田区一ツ橋2-5-5
電話案内 03-5210-4000　営業部 03-5210-4111
ブックレット編集部 03-5210-4069
http://www.iwanami.co.jp/hensyu/booklet/

印刷・製本　法令印刷　　装丁　副田高行　　表紙イラスト　藤原ヒロコ

ISBN 978-4-00-270900-0　　Printed in Japan